**우리는
왜**
학교로
돌아갈 수
없었나

24학번 의대생들의 1년간의 기록

우리는 왜 학교로 돌아갈 수 없었나

솔직한
의대생들
지음

바른북스

이 책의 출간에 도움을 주신

김여현 님, 박성연 님, 신승현 님, 이서진 님, 최우원 님, 홍준희 님과

1년째 함께 투쟁중인 모든 동료들,

그리고 저희 이야기의 첫 장을 함께해 주신 여러분께

진심으로 감사의 인사를 올립니다.

작가의 말

이 책을 쓰기로 마음먹기까지 오랜 시간 고민했습니다.

책 한 권에 담기엔 너무나 복잡하고, 조금은 조심스러운 이야기였기에, 글을 썼다 지우기를 수십 번 반복했습니다. 이 이야기를 꺼내는 것 자체가 누군가에게 상처가 되진 않을까, 우리의 진심이 왜곡되진 않을까 두려웠습니다.

그러던 어느 날, 저녁을 먹고 환기를 하려 창문을 열었을 때, 늦은 시간까지 이어지는 집회의 목소리가 들려왔습니다. 그 순간, 새삼 부끄러워졌습니다.

정책에 대해선 각자의 입장이 다를 수 있겠지만, 본인

이 옳다고 믿는 것을 지키기 위해 거리에 나와 외치고 있는 사람들 앞에서, 나는 왜 침묵하고 있었을까. 스스로를 돌아보게 되었습니다.

그날 이후, 우리는 우리가 할 수 있는 방식으로 이 투쟁을 기록하기로 결심했습니다.

1년 가까이 지속도고 있는 의정 갈등에 대해 많은 사람들이 각자의 방식으로 목소리를 내고 있지만, 전문적인 내용이 얽혀 있는 탓에 일반 국민들이 이 문제를 온전히 이해하기는 쉽지 않다는 생각이 들었습니다.

그래서 저희는 이 복잡하고 딱딱한 정책 이야기를 최대한 쉽게 풀어내고자 했습니다.

이 책은 총 2부로 구성되어 있습니다.

1부는, '의과대학 24학번'으로서의 지난 1년을 솔직하고 담담하게 기록한 이야기입니다.

입시밖에 모르던 채로 입학했던 저희가, 1년 동안 어떤 일들을 겪었고, 어떻게 성장해 왔는지를 담았습니다. 한 편의 성장소설처럼, 가볍고 편안하게 읽어주시길 바랍니다.

2부는, 그래서 우리는 왜 아직도 투쟁하고 있는가,

의과대학 강의실은 왜 1년 가까이 텅 비어 있었던가에 대한 이야기입니다.

저희가 정책 전문가도, 공신력 있는 위치에 있는 사람들도 아니라는 사실을 알고 있지만,

오히려 그렇기 때문에 독자의 눈높이에 맞춰 이 정책을 설명할 수 있을 거라 믿었습니다. 어려운 용어는 최대

한 풀어쓰고, 필요한 설명을 곁들여 서술했으니 부디 끝까지 포기하지 않고 읽어주시길 바랍니다.

    이 책 한 권이, 우리나라 의료 시스템의 붕괴를 막는 데에 작게나마 보탬이 되고,
    언젠가 이 책을 읽는 여러분의 생명을 구하는 데에 기여할 수 있기를,
    진심으로 바랍니다.

2025년 4월 11일
솔직한 의대생들

목차

헌사
작가의 말

1부 · 15

24학번 의대생의 1년

합격 ··· 15
겨울 ·· 19
봄 ·· 27
여름 ··· 47
가을 ··· 59
다시 추운 겨울 ·· 69
그리고 맞이한 봄 ····································· 93

2부 · 98

우리는 무엇을 위해 투쟁하는가?

참고문헌

1부

24학번 의대생의 1년

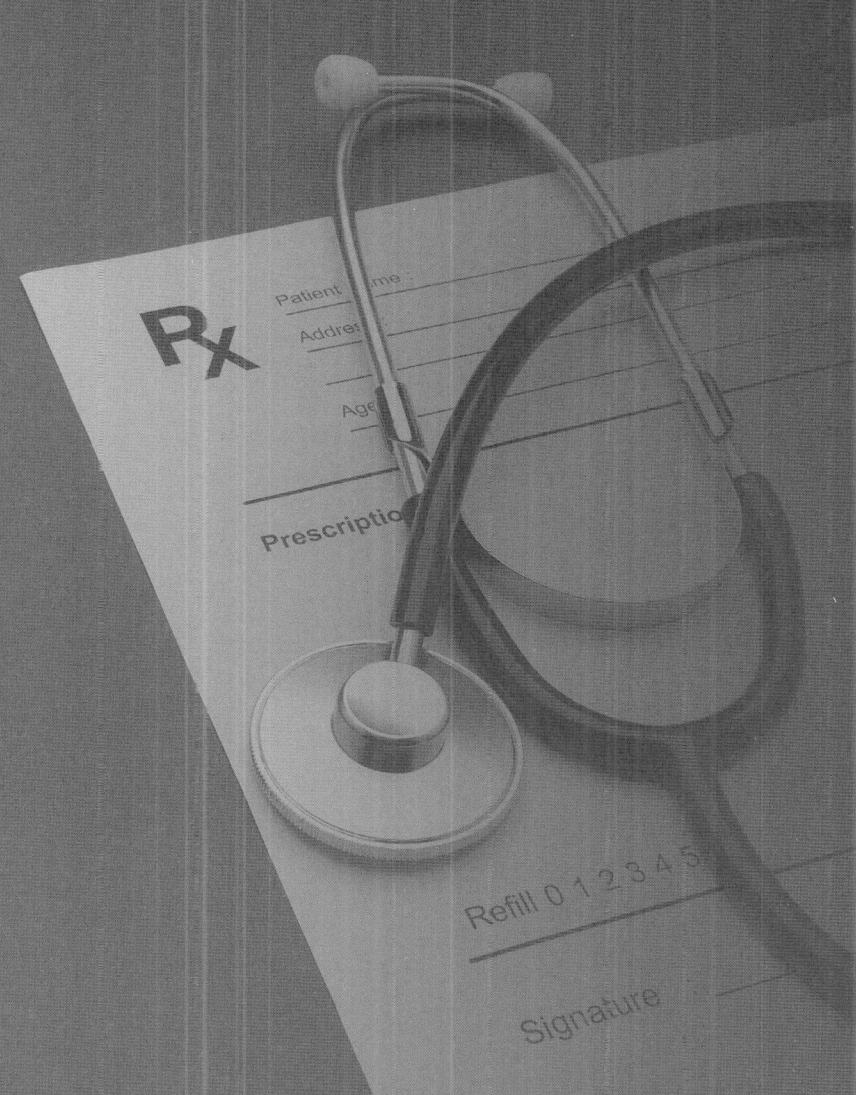

합격

"디 유진 님, 합격을 축하합니다."

하늘 위 모든 신들에게 기도하는 마음으로, 마우스에서 오른손 검지손가락을 떼며 감았던 눈을 천천히 떴다. 까만 눈동자는 화면 속 열두 글자를 조심스레 읽어 내려갔다. 나의 12년을 증명하는 듯한 그 열두 글자로 이루어진 문장은, 한 번, 두 번, 눈을 깜빡일 때마다 점점 더 선명해졌다.

비로소, 나는 의대생이 되었다.

드라마 〈슬기로운 의사생활〉을 보고 소아외과 의사가 되어야겠다 마음먹은 순간부터 이날을 얼마나 간절히 바라왔던가. 누군가 내 가슴을 세게 친 듯, 심장 저 깊은 곳에서 무언가 뜨거운 것이 올라왔고, 눈에서는 눈물이 차올라 흐르지 않게 고개를 들어 올리느라, 한동안 앞을 제대로 보지 못했다. 한참 뒤에도, 나는 두 손으로 입을 틀어막고, 자리에 그대로 앉아 있어야 했다.

그렇게 합격의 기쁨과 나를 믿어준 사람들의 기대에 부응했다는 안도감 사이에서, 수화기 너머 부모님과 선생님들의 축하 목소리를 들으니 치열했던 날들이 떠올랐다. 수능 날 일어날 모든 변수에 대비하기 위해 시끄러운 영상을 재생해 두고 모의고사에 집중하려 노력했던 순간이나, 몇 분이 채 안 되는 등하교 시간마저 흘려보내고 싶지 않아 영어 MP3 파일을 저장해 두고 자연스럽게 따라 말하게 될 때까지 들었던 순간들조차도, 이제는 돌아오지 않을 과

거의 추억이 될 것이었다.

그날 밤부터는, 합격 예측 사이트에서 합격 확률이 점점 떨어지다가 결국 0%가 되는 꿈에서 식은땀을 흘리며 깨어나는 일은 더 이상 없었다. 대신 은빛 날카로운 메스를 한 손에 쥐고, 눈부시게 빛나는 헤드라이트를 낀 내가 전설 속 신의(神醫)가 되어 죽어가는 환자를 수술대에서 번쩍 일어나게 하는, 그러한 꿈속에서 미소 짓는 날들이 부쩍 늘어났다.

좋은 의사가 되어야겠다고 생각했다.

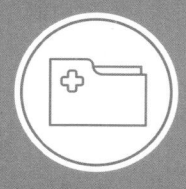

겨울

그해 겨울은, 티끌만큼의 불안과 걱정도 없이, 마음껏 행복해도 되었던, 그런 날들이었다.

보고 싶던 사람들을 만나고, 하루 종일 좋아하는 노래를 부르고, 다음 날 아침 따윈 아랑곳하지 않고 새벽까지 드라마를 보며 울어도 되었던. 유난히 따뜻했던 크리스마스에는 친구들과 깔깔대며 보드게임을 했고, 1월 1일에는 첫 술을 마셨고, 설날에는 친척들께 받은 세뱃돈으로 산 새 노트북에 '나도 이제 진짜 대학생이 되는 건가?' 하며 설레었던. 그런 날들이었다.

2월의 어느 날도, 여느 때와 마찬가지로 중요하지 않은, 별 시답잖은 일들로 밤늦게까지 수다를 떨다 집으로 돌아왔다. 현관문을 열고 들어서니, 거실에서 심각한 표정으로 TV 앞 소파에 앉아계시던 부모님이 나를 바라보시고는, 조심스레 말을 꺼내셨다.

"의대 정원 2,000명 증원한다는데… 학교에서는 별말 없니?"

그 말을 듣고 접속한 인터넷 뉴스의 사회면에는, "정부, 의대 정원 2,000명 증원 추진… 의료계 강력 반발"이라는 내용이 온통 헤드라인을 장식하고 있었다. 한눈에 봐도 뭔가 심상치 않은 일이라 짐작할 수 있었다. 그러나 함께 발표된 필수의료 패키지나, 정확한 증원 이유와 같은 것은 제대로 알지 못했다. 아니, 부끄럽게도 그런 것들을 이해하려 뉴스를 찾아보거나, 공부해 볼 생각조차 하지 않았다. 당시의 내 삶은 너무나 평온했고, 행복했다. 이런 일이 내 인생을 뒤흔들 거라곤 전혀 생각하지 못했다. '에이, 곧 해결될 일이겠지.'라며 강 건너 불구경하듯 이 상황을 관망(觀望)하기만 했다. 그리고 나는 그다음 날도, 또 그다음 날도 아무 일도 없다는 듯 하루하루를 보냈다. 그렇게, 무관심하게.

그렇게 입시에서 벗어나, 가장 행복했던 나의 스무 번째 겨울이 지나가고, 첫 학과 공식 행사인 '의예과 1학년 OT'를 참석하기 위해 현관문을 나서는 내 발걸음은 어느 때보다 가벼웠다.

대학 입학처 사이트를 통해서만 보았던 우리 학교 건물을 실제로 보니, 다시금 가슴이 벅차올랐다.
"○○ 대학교 의과대학에 입학한 여러분을 환영합니다."
강당 셋째 줄, 중간 자리에 앉아 교수님의 인사 말씀을 들으며, 주변을 둘러보았다. 무대 앞쪽에 계신 학생회 선배님들과 뒷줄에 앉은 같은 학번 동기들이 눈에 들어왔다. 앞으로 나에게 어떤 대학 생활이 펼쳐질까. 기분 좋은 상상을 했다.

"예과 이수 요건은 총 70학점입니다. 교과목 이수 요건은⋯."

나는 학교생활에 중요한 설명인 것 같아, 자리에 놓여 있던 OT 자료에 내용을 받아 적기 시작했다.

다음은, 학생회 선배님의 순서였다. 선배님은 중요하게 할 말이 있다고 하셨고, 녹음이나 영상 촬영은 자제해 달라고 하셨다. 분위기는 순간 가라앉았다. 고요한 가운데 모두가 화면을 주목했다.

화면에는, 며칠 전에 읽은 뉴스 기사가 보였다.

"현재 저희 ○○대학교 의과대학 학생들의 97% 이상이 휴학계를 제출하였고, 수업을 듣지 않는 형태로 정부의 부당한 의료 정책에 반대하고 있습니다. 여러분도 이제는, 의대 사회의 일원으로서, 대내외적 분위기를 고려해 당부 드리고 싶은 부분이 있습니다."

선배님께서는 화면을 넘겨, 인터넷에서 흔히 보이는

여러 포털사이트의 댓글을 보여주시며 말씀하셨다. 한층 더 어드워진 표정이었다.

"의사와 의대생에 대한 여론은 그리 좋지 않습니다. 정책에 대한 의료계의 주장이 부당하다고 여겨지기도 하고, 조금은 격앙된 게시글도 보입니다. 여러분의 안전을 위해서, 모르는 사람이 여러분에게 의대생임을 물으며 다가오거나, 학교 사정에 관해 물으면, 잘 모른다고 하며 빠르게 자리를 피해야 합니다. 또한 공공장소에서 '의대생' 신분을 드러내는 일은 최소화하셨으면 좋겠습니다. 오늘 OT 뒤풀이는 없을 예정이고, 일주일 뒤로 예정되어 있던 새내기 배움터는 상황상 취소되었습니다. 처음 만나는 자리에서, 이런 말씀을 드리게 되어 미안합니다. 그렇지만 여러분의 안전이 최우선인 만큼, 어쩔 수 없는 조치임을 이해해 주시고, 따라주셨으면 좋겠습니다."

솔직히 조금, 무서웠다.
고등학교 친구들이 내게 자랑하던 '새터'가 없다는 것

과, 근처에 앉은 동기들과 친해질 뒤풀이 자리가 없다는 것은 아쉬웠지만, 그보다는 내가 겨우내 무관심으로 일관했던 현 사태가 생각보다 심각해 보였다. 정책에 대해서는 아직도 이해하지 못하는 것투성이지만, 내 행동이 의사와 의대생 전체의 인식을 결정할지도 모른다는 책임감이 느껴졌다. 내가 의대 사회의 일원이 되었다는 것을 그제야 실감하며, 전공의 선생님들과 선배님들의 투쟁에 나도 동참해야 하는 것 아닐까, 하는 복잡한 감정에 휩싸인 채로, 집으로 돌아왔다.

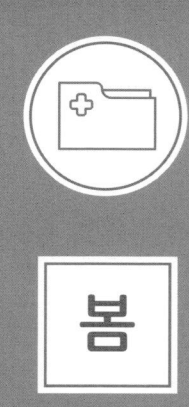

봄

혼란스러운 감정이 무색하기도, 어느새 3월이었다. 봄기운이 피부에 와닿지는 않아도, 간간이 숨어 있는 꽃봉오리와 한결 따사로워진 햇살이 겨울이 끝났음을 알리고 있었다.

본격적인 대학 생활이 시작되기 며칠 전, 나는 수강 신청도 했다. 24학번은 전공의 선생님들의 사직과 선배님들의 휴학계 제출에 함께 연대하기 위해 전공 수업은 듣지 않기로 했었다. 예과 1학년 교육 과정에서 전공 수업은 그리 많지 않았고, 대부분은 교양 수업이었다. 그래서 전공 수업은 제외하고, 이런저런 교양 수업들의 강의계획서를 살피며, 어떤 강의가 소위 말하는 '꿀강의'일지 고민하며 대학 생활을 준비해 나갔다.

내가 대학에 와 들은 첫 수업은 화학 수업이었다. 그렇게 악명 높은 월요일 9시 수업이었지만, 설레는 기분 탓인지 아직은 괜찮았다. 교수님께서는 수업 진행 계획과, 과제와 시험에 관해 설명해 주셨다. 그리곤 '원래 첫날은 빨리 끝내주는 게 교수와 학생 간의 예의'라고 하시며, 9시 반도 안 되어 수업을 끝내셨다. 예상치 못한 자유 시간이었다. 나는 용기 내어, 옆자리에 앉아 있던 머리가 길고 안경을 쓴, 어쩌면 앞으로의 6년을 함께하게 될지도 모르는 여자아이에게 인사를 건넸다.

"안녕하세요! 이름이 뭐예요?"
"한도연이에요."
"저는 이유진이에요. 혹시 몇 살이에요?"
"05년생이에요!"
"저도 05년생인데, 저희 말 놓을까요?"

"좋아요!"

어떻게 말을 걸어볼까, 고민했던 찰나의 순간이 무색하게, 도연이와의 대화는 마치 오랜 친구를 만난 것처럼 쉴 새 없이 이어졌다. 대학 생활에 대한 기대감에 한껏 부풀어 있던 두 동갑내기는 수업 시간표를 공유했고, 대부분의 수업을 함께 듣는다는 것에 기뻐했고, 이어지는 2교시 수업도 같이 가면 되겠다며 손뼉을 쳤다. 그렇게 나의 대학 생활의 첫 단추는 잘 끼워진 듯했다.

2교시는 영어 수업이었다. 인자해 보이는 외국인 교수님께서 들어오셔서는, 영어 수업에선 매번 조를 만들어서 하나의 주제에 대해 영어로 자유롭게 이야기하면 된다고 말씀하셨다. 첫날의 설레는 마음을 다 알고 계신 듯한 교수님께서는, 오늘은 간단한 인사만 하고 수업을 마치겠다고 말씀하셨다.

어김없이 일찍 끝난 수업에, 아직 한산한 식당으로 학식을 먹으러 가는 우리는 한껏 들떠 있었다.

나는 돈가스를 하나 집어 입에 넣으며 말했다.

"우리 원래 오늘 오후에 전공 수업인데, 안 듣게 돼서 아쉬워."

"그러게. 어떤 수업이었을까?"

듣지 못하게 된 수업에 대한 이야기에 잠깐 찾아온 침묵을 뒤로하고, 우리는 졸업한 고등학교, MBTI, 취미 같은, 서로에 대한 이야기를 했다. 도연이는 나와 달리 조용하고 차분한 성격이었지만, 야구를 좋아한다는 공통점이 있었다. 응원하는 팀을 이야기하고, 좋아하는 선수에게 사인을 받은 일화를 이야기하며, 올해 우승 팀은 어디일지 열띤 토론을 펼치다 보니 한 뼘 더 가까워진 기분이었다.

그렇게 그날부터 나는 도연이와 단짝이 되었다.

함께 수업을 듣고, 함께 밥을 먹고, 수업이 없을 때는 캠퍼스 여기저기를 산책하기도 했다. 과방에 앉아 몇 시간 동안 수다를 떨기도, 넓은 학교 도서관 외관에 감탄하면서 도서관 앞 벤치에 앉아 휴대폰을 부술 기세로 게임을 하기도, 기숙사 점심 메뉴가 마음에 들지 않아 편의점에 가려고 탄 엘리베이터에서 같은 생각을 하고 있던 도연이를 우연히 만나 한참을 웃고 편의점 컵라면으로 끼니를 해결하기도 했다.

그러던 어느 날, 생명과학 수업을 듣기 위해 강의실에 앉아 있던 우리에게, 누군가 말을 걸었다.

"안녕하세요! 혹시 이름이 어떻게 되세요? 오늘 저녁에 저희랑 같이 피크닉하면 어떨까요? 제 이름은 박재현이에요."

"저는 김현준이에요. 다른 동기들도 많이 와서 재밌을 거예요!" 쭈뼛거리며 옆에 서 있던 남자는 친구인 듯했다.

우리 학교 근처에는 예쁘게 조성된 호수 공원이 있는데, 다른 과 학생들이 그곳에서 피크닉을 하는 모습을 부럽게만 바라보았었다. 나도 그곳에서 동기들과 피크닉을 한다니. 지는 해를 바라보며 치킨을 먹고, 술을 마신다니. 이 모든 게 꿈만 같았다.

"현준이가 좋아하는 랜덤 게임! 무슨 게임! 게임 스타트!"

"바니 바니 바니 바니 당근 당근!"

"눈치 게임 1!"

"아파트 아파트 아파트 아파트!"

그렇게 동기 10명 정도가 모였다. 치킨을 시켜두고 돗자리를 펴고 앉아 밤하늘에 별이 총총히 박힐 때까지 게임을 했다. 몇 시간째 비슷한 게임이 반복되어도 지겹지 않았다. 막차 시간이 가까워지자 아쉬운 표정으로 한 명씩 자리에서 일어나 "내일 수업에서 보자."는 인사를 했고, 어느새 학교 기숙사에 사는 나와 도연이, 재현이와 현준이만 남았다.

"이렇게 가기는 아쉬운데, 우리끼리 조금 더 놀다 갈까?"

재현이의 그 말을 들은 우리는 미리 약속이라도 한 듯, 근처 편의점으로 들어가 맥주와 과자를 사서는 양팔에 가득 안고 기숙사 앞 벤치로 향했다. 새벽이지만 춥지 않았던 날씨와, 알게 된 지 얼마 안 되었지만 너무나 가깝게 느껴지는, 운명처럼 야구를 정말 사랑하는 세 친구들은 그날 밤을 유독 짧게 느끼게 했다. 무슨 대화를 했는지는 정확히 기억나지 않지만, 그 밤의 온도와 웃음소리는 아직도 선명하다. 그날, 그렇게 운명적으로 우리는 앞으로의 의대 생활을 함께 견디고 함께 웃을, 서로에게 그 누구도 대신할 수 없을 친구가 되었다.

* * *

"안녕하세요. 24학번 여러분. 처음 뵙겠습니다."

4월의 첫날, 24학번 동기 모두가 한자리에 모였다. 3월 한 달을 함께했을 뿐인데, 어느새 가족같이 느껴지는 친구들과 나란히 앉았다. 강단에는 학생회장 선배님께서 마이크를 잡고 계셨다.

"요즈음 의료계의 상황을 여러 매체를 통해 접하고 계실 것입니다. 다만, 신입생 여러분은 학교에 막 입학한 만큼, 이에 대한 이해가 부족하리라 생각합니다. 현재 정부가 추진하고 있는 정책과 왜 저희를 비롯한 40개 의과대학의 학생들이 자발적으로 휴학을 선택하였는지를 설명해 드리고, 혹시 궁금증이 있다면 해소해 드리고자 이 자리를 마련하게 되었습니다."

"먼저 필수의료 정책 패키지에 대해 설명해 드리겠습니다. 필수의료 정책 패키지란…"

필수의료를 살리겠다는 취지의 필수의료 정책 패키지는, 어딘가 그 의도와 많이 벗어나 보였다. 필수의료에 대한 투자와 필수의료를 전공하는 의사들에 대한 지원은 구체적인 재원이 마련되어 있지 않은 채 그저 '지원해 주겠다.'는 말뿐이었고, 의대 증원으로 인해 증가할 의료 서비스의 이용은 건보재정의 고갈을 더 앞당길 전망이었다. 이를 막기 위해 정부가 주장한 정책 중 하나는 비급여 항목과 급여 항목의 혼합진료 금지였는데, 앞으로 두 항목의 혼합진료를 받으려면 그 전체를 비급여로 받도록 하여 건보 지출은 최소화하고, 국민들의 부담을 늘리려는 셈이었다.*

---

* 이에 대한 자세한 설명은 p.113에 있습니다.

'민생토론회'에서 발표되었다던 '필수의료 정책 패키지'는 국민과 함께한다는 민생토론회의 캐치프레이즈와는 전혀 다른 양상을 띠고 있었다.

머리가 띵한 느낌이었다.
단순히 의대 정원이 늘어나서 입결이 떨어지는, 그런 문제가 아니었다. 내가 짐작했던 것보다 훨씬 심각한 문제였고, 대한민국 의료교육과 의료체계를 붕괴시킬 수 있는 정책이었다. 우리가 겪게 될 변화는 숫자, 그 이상의 것이었다.

"정부는 정원 증원만을 얘기하지만," 선배님의 목소리가 조금 더 단단해졌다.

"증가하는 정원에 따른 의료교육의 질 저하에 대해서는 아무런 대책을 내놓지 않고 있습니다. 그 피해는 고스란히 여러분에게, 그리고 국민들에게 돌아갈 것입니다."

"그래서 저희는 휴학계를 제출했습니다. 무너져가는 대한민국 의료를, 예비 의료인으로서 가만히 지켜볼 수 없었습니다. 대정부 8대 요구안이 관철될 때까지, 저와 제 동료들은 투쟁할 것입니다."

흔들리지 않는 선배님의 눈빛을 보며 그날 나는 가슴 깊은 곳에서 무언가 끓어올라 온몸이 타오르는 듯한 감정을 느꼈다. 의대생은 단순히 대학생이 아닌, 미래 의료를 책임져야 하는 인력이라는 막중한 책임감이 처음으로 느껴졌다. 그리고 동시에, 그런 인력으로서 국민들에게 피해를 줄 수 있는 이번 의료 개혁은 절대로 추진되어서는 안 된다는 확고한 생각이 들었다. 아직 나는 의료계가 반대하는 정책이 구체적으로 어떻게 문제인지, 조목조목 따져 설명해 내기는 어려웠지만, 선배님들이 먼저 투쟁을 시작하신 이유를 조금은 알 것 같았다. 그리고 그것은 내가 꿈꿔왔던 것과 감응하는 것이었다.

"보시는 글은 H 대학교 의과대학의 성명문입니다. H

대학교 의과대학 예과 1학년 학생들은, 유급을 불사하고 3월 25일부터 교양 수업을 포함한 모든 교육 활동을 거부할 것을 선언했습니다. K 대학교 의과대학 예과 1학년 학생들은 수업 전면 거부를 시작하면서, 4월 10일, 즉 총선 전까지 단체 행동에 동참해 달라 간곡히 부탁하며, 전국 의과대학 24학번 학생들에게 의료 정책 정상화를 위한 투쟁을 독려하였습니다."

"이 자리에는 어떠한 강요도, 압박도 없습니다. 다만 오늘, 이곳이 여러분에게 열린 토론의 장이 되었으면 합니다. 한 학번 전체가 모여 의견을 나누기는 쉽지 않은 만큼, 손을 들어 본인의 생각을 자유롭게 말씀해 주시면 좋겠습니다. 정부 정책, 저희 학교 학생들의 단체 행동 방향성, 타 학교 학생들의 결의에 대한 의견 등 어떤 것이든 좋습니다. 궁금한 점이 있다면, 제게 질문을 하셔도 괜찮습니다. ○○대학교 의과대학의 선배 한 사람으로서, 성심성의껏 대답해 드리겠습니다."

선배님의 이야기를 끝으로, 한동안 긴 침묵이 이어졌다.

주변을 두리번거리다 서로 눈이 마주치면 고개를 푹 숙이기만 할 뿐, 다들 하고 싶은 말이 있어 보였지만, 입 밖으로 말을 꺼내려는 사람은 아무도 없었다.

정적을 깨고 들려온 첫 질문은, 사실 모두가 궁금해하던 내용이었다.

"안녕하세요, 예과 1학년 김정현입니다. 예과 1학년은 1학기 휴학이 불가능하므로 수업 거부의 형태로 투쟁한다면, 교양 과목이 모두 F 처리되어 이후 진급에 어려움이 있을 것 같은데, 해결할 수 있는 방법이 있을까요?"

"네, 제가 답해드릴 수 있을 것 같습니다. 예과 1학년의 경우, 다른 학번과는 달리 1학기 휴학이 불가능하다는 특수성이 있습니다. 따라서, 수업을 듣지 않고, 결석 횟수가 일정 기준을 넘으면, 해당 과목이 0.0점으로 처리됩니다. 하지만 이후 재수강을 통해 학점을 충분히 높일 수 있으므로 진급에 큰 어려움이 있지는 않을 것입니다."

처음 손을 들어 이야기를 시작해 준 동기의 뒤를 이어, 하나, 둘 마이크를 잡고 차분하게 말문을 열기 시작했다.

"안녕하세요, 예과 1학년 정태민입니다.

저는 저희 예과 1학년이 교양 수업까지 모든 수업 거부를 시작해야 한다고 생각합니다. 정부의 정책이 옳지 않다는 것은 누구나 아실 거라 생각합니다. 그러나 저 역시 F를 받고 유급이 될까 두렵습니다. 휴학계를 제출할 수 없기 때문에 수업 거부의 형태로 투쟁하면 이번 학기 등록금을 날려야 하고, F를 받으면 더 이상 장학금을 받을 수 없는 동기들도 있을 것입니다. 모두가 처한 상황이 다르기 때문에, 각자의 선택이 다를 수 있음을 이해합니다.

하지만 제가 생각하기에 이번 투쟁은, 그런 것들을 감수하고서라도 지속할 만한 가치가 있다고 생각합니다. 저는 의료인이 되려고 마음먹었을 때, 환자에게 최선을 다하는 의료인, 최고의 의료 서비스를 제공하는 의료인이 되겠다고 다짐했습니다.

그러나 이번 의료 개혁은, 무분별한 증원으로 제대로 교육받지 못한 의사들을 배출하는 정책이며, 의료 서비스 이용에 대한 환자의 권리에 과도하게 간섭하여 의료 서비스의 질을 저하시키는 정책입니다. 제가 꿈꾸었던 의료 현장은 이런 것이 아니었습니다.

모두가 두려울 거라 생각합니다. 하지만, 함께한다면 헤쳐나갈 수 있을 거라 믿습니다.
당장 눈앞에 보이는 두려움보다는 먼 미래를 생각해주셨으면 좋겠습니다.

끝까지 들어주셔서 감사합니다."

"안녕하세요, 예과 1학년 주승우입니다.

저는 선배님께서 설명해 주신 정책 내용과 타 학교의 결의문을 보고, 고민 끝에 마이크를 들게 되었습니다. 정부의 필수의료 정책 패키지 및 의대 증원 등 잘못된 정책으로 인한 피해를 가장 직접적으로 맞닥뜨릴 사람들은 다른 누구도 아닌, 미래에 의사가 될 저희입니다.

다른 과 학생들과 함께 들어야 하는 교양 수업까지 거부한다면, 의과대학이라는 단과 대학의 소관을 벗어나 이후 구제에 더 큰 어려움이 있으리라는 것을 압니다. 그것을 안다는 것은, 저희 학생들을 지키던 보호막을 벗어버리고서라도, 중요하게 지켜야 할 가치가 있다고, 더 큰 목소리로 말할 수 있다는 뜻입니다.

또한, 저희 학교도 수업 전면 거부를 하게 된다면, 저는 총선 전에 시작해야 가장 효과적이라고 생각합니다. 저희가 가주한 정부의 의료 정책에 '총선'이라는 하나의 기점은 정치적으로 중요한 의미를 가집니다. 더하여, 이미 수업 전면 거부를 시작한 몇 학교에서는 다른 학교들이 총선 전까지 투쟁에 동참해 달라 이야기하기도 하였습니다. 그러므로 하루빨리, 저희 ○○대학교 의과대학 24학번 또한 40개 의과대학의 단합에 발맞춰 나갈 수 있으면 좋겠습니다.

감사합니다."

누구도 선뜻 자신의 생각을 말하기 어려웠던 그날 간담회에서, 떨리는 목소리로 불의에 맞서 싸우자던 정태민과 주승우 동기에게, 사적으로 이야기를 해본 적도, 심지어 인사조차 해본 적 없던 사이임에도 용기를 내어줘서 고맙다고 그날 새벽 연락을 남긴 건, 어쩌면 술에 취해서가 아니었을지도 모르겠다. 옳지 않은 것은 옳지 않다고, 거기에 순응해서는 안 된다고 이야기할 수 있는 용기, 그들의 그런 용기가 나는 정말 눈물 나게도 고마웠던 것 같다.

간담회 다음 날, 빈 강의실에 모인 24학번 동기들 사이에는 묘한 긴장감이 감돌았다.

"안녕하십니까, 예과 1학년 학생 대표 윤성빈입니다.

어제 간담회 이후, 24학번 내에서 수업 전면 거부를 해야 하는 것이 아니냐는 의견이 많았던 것을 알고 있습니다. 그래서 지금 이 자리에서 투표를 통해 수업 전면 거부를 할 것인지, 지금처럼 전공 수업만 거부하는 방식으로 투쟁을 지속할 것인지, 전체적인 방침을 결정하려고 합니다."

나는 어제 간담회에서 본, 학생회장님의 단호한 눈빛을 떠올리며 망설임 없이 수업 전면 거부에 투표했다. 내게는 그 표가 먼저 수업 전면 거부를 결의한 학교들에게, 그리고 간담회에서 용기를 내준 동기들에게 보내는 응원의 박수와 같은 것이었다.

도연이, 현준이, 그리고 재현이까지, 넷의 눈이 마주치고 고개를 끄덕였던 것은 우리가 모두 같은 생각을 하고 있음을 암시하는 듯했다.

그렇게 우리는, 4월의 벚꽃잎이 온통 캠퍼스를 뒤덮은 그날, 수업 전면 거부를 결의했다.

'음… 지금 몇 시지?'

방 안을 환하게 비추는 햇살에, 어젯밤 늦게까지 뒤척이다 잠든 탓인지 쉬이 떠지지 않는 눈을 끔뻑이며 시계를 보려 휴대폰을 들어 올렸다.

오전 10시였다. 평소라면 학교에서 딱딱한 의자에 앉아 1교시 수업을 듣고 있어야 할 시간이었지만, 나는 더 이상 그럴 필요가 없었다. 고요한 학년 단체카톡방과 걸려 오지 않는 전화는, 내게 불안과 해방이 뒤섞인 묘한 감정을 선사했다. 마냥 홀가분하지도, 완전히 무겁지도 않은 그런 기분. 몇 년 만에 처음 가져보는 오롯한 휴식은 그렇게 시작되었다.

여름

"아, 나 눈 감았잖아!"

눈썹을 살짝 찡그리며 도연이가 외쳤다. 학교에서 축제가 열리는 날이었다. 우리 넷은 강의실 이곳저곳을 옮겨 다니는 다른 학생들을 느긋하게 바라보며 캠퍼스를 거닐다가, 설치된 네컷 사진 부스에서 우리 학교 마스코트와 사진을 찍었다.

"그래도 다들 귀엽게 나왔네." 푸드 트럭에서 산 닭꼬치를 한입 베어 물고 현준이가 말했다.

"우리 이제 줄 서러 가야 해. 좋은 자리에서 보려면 빨리 가서 기다려야지!" 재현이는 한껏 기대에 부풀어 있었다. 그날 공연에 가장 좋아하는 가수가 나와 노래할 예정이었기 때문이었다. 나도 고등학교 시절, 입시가 힘에 벅찰 때마다 위로받곤 했던 가수라 가까이서 공연을 보고 싶었다. 우리는 공연 시작 두 시간 전부터 줄을 서서 기다렸고, 무대가 손 뻗으면 닿을 듯한 거리에, 자리를 잡을 수 있었다.

"안녕하세요. 가수 ○○○입니다."

우리는 모두 환호성을 질렀다. 누군가의 목소리를 들으며 위로받은 적이 있다면 이해할 것이다. 그 목소리의 주인공이 내 앞에 서 있을 때, 순간 모든 나머지 것들은 눈앞에서 사라진다는 사실을. 우리를 둘러싼 불의(不義)와, 그와 비슷한 모든 허탈한 일들도 잠깐은 잊을 수 있다는 사실을. 손을 높이 들어 흔들고, 함께 노래를 부르다 보니 어느새 여름의 태양도 자취를 감추었다. 서서히 드리워진 어둠과, 남은 열기, 그리고 뜨거운 바람이 우리를 간질일 때쯤 올려다본 하늘에는 커다란 보름달이 우리를 비추고 있었다. 고개 돌려 바라본 재현이는 금방이라도 울 것 같은 표정이었다. 나는 옅은 미소를 짓고 다시 플래시를 켠 휴대폰을 높이 들어 좌우로 흔들었다. 그렇게 우리는 그 여름밤, 손에 쥔 작은 불빛으로, 사라져 버린 태양을 대신해 환하게 밝은 빛을 비추었다.

축제가 끝나고, 우리는 기숙사로 돌아가며 아무 말도 하지 않았지만, 모두 쉽사리 공연의 여운에서 벗어나지 못하는 듯했다. 기숙사 1층 로비에서, 재현이가 갑자기 말했다.
"우리 바다 보러 갈래?"
이대로 헤어지기 아쉬웠던 참에, 재현이가 건넨 제안은 모두의 눈동자를 반짝 빛나게 했다.
"지금 바로 택시 타고 가면 막차 탈 수 있겠다!" 도연이의 그 말에 이어 우리는 택시를 불렀고, 여수로 가는 기차표를 예매했고, 다음 날 첫차를 타고 돌아오자는 계획을 세웠다. 정신 차려보니 우리는 모사금 해수욕장 앞 계단에 비닐봉지를 깔고 앉아 있었다. 바닷가에 왔으니 포기할 수 없는 회, 현준이가 좋아하는 치킨을 먹으며, 편의점 맥주를

한 캔씩 손에 들었다. 갑자기 떠나온 여수 밤바다를 보며 우리는 별 볼 일 없는 이야기를 했고, 시시한 장난을 쳤다.

그렇게 밤을 지새우다, 화장실에 다녀온다던 현준이의 손에는 딸기 맛 하겐다즈 아이스크림 4개가 들려 있었다.
"뭐야, 우리 주려고 사 온 거야?"
앉아 있던 우리 모두의 눈이 동그래졌다. 현준이는 요즘 자기가 제일 좋아하는 거라며, 우리와도 함께 나눠 먹고 싶었다고 말했다. 그렇게 말하고 고개 숙이는 현준이는 부끄러움을 숨기는 듯했다. 그러나 우리는 모두 소리 내 말하지 않아도, 갑자기 여행을 떠나자는 제안에 망설임 없이 출발하는 친구들에 대한 고마움을, 그리고 20살의 패기와 낭만을 함께하는 서로의 소중함을 느낄 수 있었다.

넷이 함께 창원으로 야구를 보러 떠나기로 한 어느 날에는,
각자 좋아하는 선수가 마킹된 유니폼을 입고, 가장 좋아하는 응원가를 들으며 기차를 타고 마산역에 도착해서

는, 역에 있는 NC다이노스 팻말에 장난스레 주먹을 쥐어 보이며 "오늘 NC는 우리가 이길 거야!"라며 깔깔거렸다.

"1번~ 타자! ○○○!"

손에 들고 있던, 공룡 모양 쿠키가 꽂혀 있는 밀크셰이크를 채 다 먹기도 전에 라인업 송을 필두로 야구 경기가 시작되었다. 후덥지근했던 날씨만큼 응원의 열기는 뜨거웠고, 우리 넷은 현실을 모두 잊은 것처럼 경기에 흠뻑 빠져들어 즐기기 시작했다.

9회 초, 2사 만루. 타석에 선 선수의 이름이 전광판에 뜨는 순간, 우리 넷은 손에 쥔 치킨의 기름기조차 잊은 채, "제발… 한 번만!"이라며 속으로 몇 번이고 되뇌었다.

그리고, 그렇게 투수의 손을 떠난 공이 딱! 하며 방망이에 맞는 순간, 공이 외야를 향해 그리는 큰 포물선의 궤적을 지켜보는 우리의 눈은 희망과 감격으로 반짝였다. 펜

스를 정확히 직격한 공이 그라운드로 떨어질 때, 우리는 자리에서 뛰어올라 소리 지르고, 서로를 부둥켜안고, 선수의 이름을 외쳤다. 또 하나의 극적인 경기를 눈으로 담은 순간이었다.

길었던 그날 밤이 유독 오래 기억에 남았던 건, 야구를 이겨서만은 분명 아니었다. 경기가 끝나고 장을 보기 위해 들른 마트에서, 생각 없이 너무 많은 물건을 사버려 숙소에 가져가기 곤란해졌던 순간부터, 숙소에 가려고 부른 택시가 우리를 찾지 못해 마트 주위를 세 바퀴나 빙빙 돌았던 순간이나, 커피포트에 전기를 꽂아놓지 않아 컵라면에 차가운 물을 부어버렸던 순간까지. 그 모든 순간에 든든한 내 동료들, 도연이, 재현이, 그리고 현준이가 함께했기 때문이었을 것이다.

다음 날 경기는 만루홈런을 치고도 역전을 당해 지고, 설상가상으로 경기가 끝나자, 비가 너무 많이 와서 택시가 잡히지 않아 기차역까지 걸어가야만 했던 우리는,

"걸어가면 운동도 되고, 얼마나 좋아~"
"그래, 이것도 다 추억인 거지."
"그래도 이번 여행 너무 재밌었다!"

라며, 강풍에 뒤집어진 우산을 쓰고도 이런 실없는 대화를 하며 웃었다.

여행이 끝난 이후에도 우리에겐 여전히 돌아갈 학교도, 강의실도 없었지만, 그저 지금 이 순간 자체가 행복했다. 바쁘게 흘러가던 인생이 갑자기 멈춘 듯한 공백의 틈에서도, 이렇게 우리는 우리만의 방식으로 그 틈을 메워가고 있었다.

그렇게 웃는 날도 많았지만, 반복되는 밋밋한 일상에 권태로움을 느끼던 어느 날, '띠링!' 잠잠했던 학과 단톡방에 1이라는 숫자가 빨갛게, 그 존재를 알렸다.

"제2회 ○○ 의료심포지엄을 개최합니다. 참가하실 분은 개인적으로 연락해 주세요."

과 대표의 카톡에, 순간 내 눈이 반짝였다. 꽤 오랜 시간 동안 학문과 거리가 먼 삶을 살아와서였을까, 본격적인 수업은 아니지만 의료인으로서 무언가를 배울 수 있는 기회는 너무도 소중해 보였다. 바로 연락을 해 참가 의사를 밝히고,

"너네도 의료심포지엄 가?"

도연이, 현준이, 재현이와의 단톡방에 글을 올렸다.
얼마 지나지 않아 하나, 둘 답을 해왔고, 너무 재미있을 것 같다며, 기숙사 1층에서 같이 만나서 가자는 약속을 했다.

행사 당일이 되고, 예상보다 큰 행사장에 감탄을 내뱉으며 이곳, 저곳을 돌아다녔다. 연구원분들께서는 부스 형태로 자신이 진행한 연구를 소개하고 계셨다.

"저 긴 줄은 뭐지?"

뜰리서 보이는, 신기하게 생긴 카메라 앞에 길게 늘어선 줄에 호기심이 생긴 우리는 근처로 향했고, 까치발을 들어 연구원분의 설명에 귀를 기울이기 시작했다.

"이 연구는, 성장기 아동이나 정형외과적으로 어려움을 겪으시는 분들께 도움이 될 수 있는 연구입니다. 이 카메라는, 이 앞에 서면 한쪽으로 너무 힘을 많이 준다거나, 거북목이 있다거나, 허리를 구부리고 있거나 하는 등의 잘못된 자세를 인식합니다. 그 인식을 바탕으로 다음 화면에서는 게임 형식을 통해 올바른 자세로 서 있을 수 있도록 돕습니다."

네가 알던, 물리치료사가 환자 팔을 잡고 앞뒤로 움직이는, 또는 보조기를 차고 천천히 걷는 연습을 하는, 그런 재활과는 사뭇 다른 모습이었다. 카메라 앞에 서서 "내가 거북목이 이렇게 심했었나?"라며 멋쩍게 웃는 지현이를 보며 나는 할머니를 떠올렸다.

연세가 많으셔 거동이 불편하신 할머니께서는, 최근

계단에서 넘어져 다치셨지만, 대학병원 전공의 선생님들의 사직으로 아직 수술을 대기하고 계셨다. 다행히 생명에는 지장이 없었지만, 이번 의정 갈등으로 크고 작은 피해를 입었을 수많은 사람들이 문득 뇌리에 스쳐 지나갔다. 우리가 선택한 싸움이 누군가에겐 불편함이, 상처가, 그리고 기다림이 되었다는 사실은 부정할 수 없었다.

내가 그 모든 사람들을 도울 수는 없을지라도, 무너져 가는 필수의료의 구제책이 될 새로운 기술과 치료법에 대해 배워보고 싶었다. 환자를 직접 대하고, 치료할 뿐만 아니라, 부족한 인력으로도 효율적으로 더 많은 환자를 살릴 수 있는 방안을 고안해 내는, 그런 의사가 되고 싶다는 생각을 했다.

그날 밤, 나는 새벽이 되도록 컴퓨터에서 눈을 떼지 못했다.

한 번도 뵌 적 없는 교수님들이지만, 교수님 연구실에서 꼭 한 번 연구를 해보고 싶다고 실례를 무릅쓰고 메일을 드렸다. 운이 좋게도, 한 교수님께서 기꺼이 연구실에

와 공부해 봐도 좋다는 답신을 보내주셨고, 나는 여름의 무더위가 저물어 들 무렵, 새로운 출발을 하게 되었다.

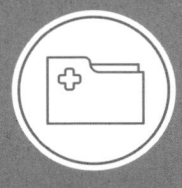

가을

다음 날부터는, 8시에 울리는 알람에 번쩍 눈을 뜨고, 잠이 덜 깬 채로 노트북 가방을 메고 사무실로 뛰어가는, 그리고 12시에 다 같이 밥을 먹고, 아이스 아메리카노 한 잔을 손에 든 채로 일을 시작해서 녹초가 되어 6시에 퇴근하는, 그런 규칙적인 삶이 반복되었다. 내가 일했던 연구실은 생명공학 교수님의 연구실이었는데, 교수님께서는 미래 의료에 관심이 많으셔서 생명 분야뿐 아니라 공학, 통계학 등 다양한 분야에 관심을 가지라고 자주 말씀해 주셨다.

처음 내가 맡았던 연구는, 3D 프린팅 기술을 이용한 손목뼈의 재건이었다. 인공 뼈가 많이 발달하고 있는 요즈음, 보다 정교하고 섬세한 맞춤형 뼈를 제작하는 기술은 크게 주목을 받고 있다. 특히 손목뼈는 해부학적 구조가 복잡하기 때문에, 내게 손목뼈를 3D 프린팅으로 구현해 보라는 과제를 주신 것이었다.

처음 과제를 받아 들고는, '이걸 내가 어떻게 하지?'라는 생각밖에 들지 않았다.

먼저, CT 자료를 다운받아야 했는데, 병원 의무기록을 열람하는 방법조차 알지 못했다. 온통 영어로 되어 있는 논문과 자료들은 해석하는 데에만 꼬박 하루가 넘게, 이해하는 데에는 그보다 훨씬 긴 시간이 걸리곤 했다. 3D 모델링 작업은 프로그램 사용법을 몰라 앱 개발자분께 직접 메일을 드려 여쭤보기도 했다.

하지만, 이런 하나하나의 과정이 모여 환자들에게 더 나은 의료를 제공해 줄 수 있다는 믿음은 언제나 내 연구의 원동력이 되었다. 비록 꿈과는 사뭇 다른 모습이지만, 내가 의대에 붙었던 날 꿈꿨던 신의(神醫)에 한 발짝 더 가까워진 것 같았다.

어느 날 점심시간이었다.

"그래도, 학생들은 공부하게 해야 하는 거 아니야? 선배들이 너무하다."

카레를 한 입 떠 우물거리며, 연구실 대학원생 선생님은 오늘도 비슷한 말을 하셨다.

"하하⋯." 나는 이런 말을 들을 때마다 어색하게 웃어 버리고 말았다. 연구실에 들어온 이후, 환자를 위한 연구를 하고, 더 나은 기술을 고민하는 매일은 하루하루가 흥미로웠고, 보람찼다. 그렇지만 연구실에 계신 대학원생 선생님들과 점심을 먹을 때는, 종종 곤란한 주제가 이야깃거리로 등장하곤 했다. 그럴 때마다, 같은 연구실에서 내가 들어오기 전부터 일하고 계시던 22학번 선배님께서는 나를 대신해 답해주셨다. "다른 누구도 아닌, 저희에게 당면한 일인걸요." 부드럽지만 확신에 찬 목소리를 들으며, 나는 변화할 기미조차 보이지 않는 현실에 대해, 학교에 가지 않는 이유에 대해, 다시금 생각해 보곤 했다.

선배님은 2년 동안 겪은 의대 생활, 시험, 동아리, 의대 사회의 여러 모습 등 학교에 오래 다니지 못한 내게 유용한 정보들을 자주 이야기해 주시곤 했다. 시험 전날, 과방에서 공부하던 중 도어록이 고장 나 혼자 갇혀버려 경찰을 불러야 했던 일이나, 시험 날 아침, 문을 부서질 듯 두드려 준 동기 덕분에 잠에서 깨어나 무사히 시험을 칠 수 있었던 일, 겨울 실험 캠프에서 시약을 쏟아버려 교수님께 혼이 났던 일 등의, 내가 학교생활을 하고 있었다면, 한 번쯤 경험해 볼 법한 재미있는 이야기들을 들을 수 있었다. 그러다 언제쯤 학교에 돌아갈지 알 수 없다는 생각에 이르면, 조금은 허전한 기분이 들었다.

그러던 어느 날, 선배님께서 말하셨다.

"유진아, 혹시 학생회에 지원해 보는 건 어때? 이번에 새로 24학번 부원을 모집하는데, 네가 잘할 수 있을 것 같아."

"저 가, 학생회를요?"

과 대표와 학생회는 모두가 말린다지만, 그 당시의 나에게는 대학 생활의 낭만 중 하나인 것만 같았다. 선배님은 이런 내 마음을 눈치챈 건지, 덧붙여 말했다.

"조금 있으면 과 대표가 24학번 단톡방에 공지해 줄 거야. 우리 면접에서 만나려나?"

그날 저녁, 24학번 단톡방에는 과 대표의 공지가 올라왔다. 나는 학생회 모집 공지를 읽자마자 학생회에 지원했고, 순즈롭게 면접을 본 다음 날,
"○○대학교 의과대학 학생회에 합격하셨습니다, 축하드립니다!"라는 한 통의 문자를 받았다.

그렇게 시작한 학생회 부원으로서의 업무는, 내가 예상했던 그것과는 사뭇 달랐다. 학교 내의 크고 작은 민원들을 해결하고, 학생들이 학칙을 잘 지킬 수 있도록 도와

주었던 고등학생 때의 학생회와는 달리, 학교 안팎으로 여러 사람들을 만나고, 다양한 의견을 들을 기회가 있었다.

한번은 우리 지역 의과대학 학생회 부원들이 한자리에 모이는 행사가 있었다. '의대생'이라는 공통점을 가진 여러 학교의 학생들이 섞여 한 테이블에 앉아 각자 학교의 상황과 분위기는 어떤지, 요즘 주로 무엇을 하며 시간을 보내는지와 같은 이야기를 나눴다.

"혹시 어제 전국 의사 궐기대회에 나갔었어?"

내 앞에 앉아 있던, 우리 학교와 비교적 가까이에 위치한 대학의 24학번, 나이도 나와 동갑이었던 친구가 물었다. 나는 순간 당황스러웠다. 시위와 집회가 꾸준히 열리고 있다는 것을 들어서 알고는 있었지만, 직접 나갈 생각까지는 하지 않았기 때문이다. 어쩌면 나는, '수업 거부'의 형태로 투쟁에 참여하고 있다고, 만족하며 안주해 버렸던 것 같다. 이 정도면 됐다고, 선배님들께서 더 열심히 싸

워주실 거라고. 그러니 나는 예상치 못하게 주어진 휴가를 최대한 즐겨야겠다 여겼는지도 모른다.

나는 이 휴가가 시작된, 24학번 전체가 수업 전면 거부를 결의한 날을 떠올렸다. 그날로부터 대략 6개월 정도가 지난 지금, 의정 갈등은 아무런 진전도 이루어지지 않았다. 그러나 나의 마음속, 그날의 다짐과 단단했던 신념은 어느새 희미해져 있었다. 나는 내 바로 앞자리였던 그 친구가 지나가듯 건넨 질문을 마음에 품게 되었다. 언젠가 다시 한 번, 그런 질문을 듣게 된다면, 망설임 없이 그렇다고, 긍정의 대답을 하고 싶었다.

그런 생각에 다다르자, 학생회 선배님들과 밥을 먹었던 날에, "24학번은 학교도 한 번 제대로 못 가보고… 미안하네."라며 잔을 비우시던 선배님의 모습에 나는 참, 많이 마음이 안 좋았던 것 같다. 사실 선배님의 잘못도, 그 누구의 잘못도 아니고, 그저 부당한 정책에 맞서 싸우는 일일 뿐인데, 그걸 두고 '미안하다.'라고 이야기하는 현실이 쓸

쓸하게 다가왔다.

　변화하지 않는 현실에 대한 답답함, 나서서 행동하지 못한 데에서 오는 부끄러움, 그 안에서 서로에게 미안해지는 이상한 상황들. 마음이 편치 않은 밤이었다.

　가을이 끝나감을 알리려는지 하나, 둘 떨어지는 낙엽처럼, 내 마음 한편에서도 눈물이 한 방울, 두 방울 뚝, 뚝 떨어지고 있었다.

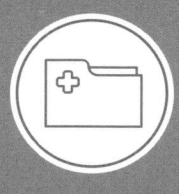

다시 추운 겨울

"이유진 님의 일반 휴학 결과 학과 승인 처리 되었습니다."

여느 때와 다름없이 연구실 출퇴근만을 반복하던 어느 날, 문자가 한 통 와 있었다. 이제 나는, 공식적인 휴학생이었다. 나는 살결에 닿는 공기가 차갑게 느껴지던 순간부터, 올해 안에는 학교에 돌아가지 못하리라는 슬픈 생각을 했었다. 그 짐작이 현실이 되었다고, '강의실에 가 수업을 듣게 되지 않을까.' 하는 상상은 모두 헛된 것이었다고,

알려주는 것 같았다. 재학생은 아니지만 휴학생도 아닌, 그런 애매한 신분에서 벗어났다. 오늘따라 손에 든 아이스 아메리카노의 쓴맛이 입안에서 오래 감돌았다.

더구나 처음 발표했던 증원분대로 대학은 25학번 신입생을 모집하고 있었다. 1년간 투쟁을 해왔건만, 결국 저지하지 못한 증원분이 적힌 입시요강을 바라보며 나는 한껏, 무력한 기분이 들었다. 25학번으로 뽑힌 신입생들이 모두 들어갈 크기의 강의실도 여전히 마련되어 있지 않았지만, 거기에 더해 수업을 듣지 않은 24학번들까지 신입생들과 함께 수업을 들어야 할 처지에 놓였다. 목소리를 내며 싸워온 지난 1년이 내게 남긴 건 무엇이었을까, 마음 한편이 서늘해졌다. 이젠 모든 것을 원점으로 되돌리기엔, 너무 멀리 와버린 듯했다.

* * *

2024년 12월 3일.

부재중 전화(5) 엄마

머리카락의 물기를 탈탈 털며 다른 한 손으로 쥔 휴대폰에는 엄마의 부재중 전화가 5통이나 와 있었다. 평소라면 내가 전화를 받지 않으면 바쁜 일이 있겠거니, 하고 문자를 남기시는 엄마였다. 그런 엄마가 늦은 밤에 전화를 걸어오시는 건 좀처럼 없는 일이었기에 얼른 다시 전화를 걸어봤다.

뚜- 뚜- 철컥, 신호 연결음 뒤로 엄마의 다급한 목소리가 들려왔다.

"유진아, 지금 얼른 뉴스 켜봐!"

뉴스? 이 밤에? 무언가 섬뜩한 기분이 들어 얼른 포털 사이트에 접속해 보았다.

[긴급] 윤석열 대통령 비상 계엄령 선포

새로고침을 할 때마다 업데이트되는 비슷한 내용의 헤드라인에, 나는 벙쪄서 아무 말도 하지 못하고 휴대폰을 쥐고만 있었다.

"여보세요? 유진아 들리니?"

내가 아무 말이 없자 내 이름을 계속해서 부르는 엄마의 목소리에 다시금 현실임을 깨달았지만, 머릿속은 새하얗고 입은 쉽사리 떨어지지 않았다.

"밖에 나가지 말고, 집에만 있어! 엄마가 계속 상황 보면서 무슨 일 있으면 또 전화할게!"

전화를 끊고 나는 서둘러 SNS에 접속했다. '계엄령'이라니, 역사 시간에 배웠지만 실감이 나지 않았다. '계엄'이 내려지면 어떻게 되는 건지도 잘 몰랐다. 친구들도 비슷해 보였다. 처음에는 다들 '이게 뭐지?' 하는 반응이었고, 상황을 제대로 이해하지 못했다. 그러다 '계엄 사령부 포고령(제1호)'이 발표되었다.

"…4. 사회 혼란을 조장하는 파업, 태업, 집회 행위를 금한다.

5. 전공의를 비롯하여 파업 중이거나 의료 현장을 이탈한 모든 의료인은 48시간 내에 본업에 복귀하여 충실히 근무하고 위반 시는 계엄법에 의해 처단한다."

올해 막 의대에 입학한 나도, 의료인인지는 잘 모르겠지만, 이 항목은 분명 정부의 의료 정책에 대항하는 우리를 향한 것이었다. '처단'이라는 단어를 보자, 등골이 서늘해졌다. 떨리는 마음으로 뉴스를 지켜보았다. 화면에는 국회의사당을 가득 메운 계엄군들이 보였다. 국회의원들은 그런 군인들과 몸싸움을 하며 본회의장으로 향하고 있었다. 계엄이 선포되었다는 소식에 한달음에 국회로 달려 나간 시민들과 국회를 장악하려는 계엄군들을 보며 '이게 영화가 아니구나, 정말 2024년의 현실이 맞구나.'라는 두려움이 점점 나를 덮쳐왔다. 이제 화면에는 우원식 국회의장이 보였고, 안건이 올라오기를 기다리고 있었다. 충분한 수의 국회의원이 본회의장에 도착할 수 있기를, 빨리 계엄 해제안이 결의되기를, 초조한 마음으로 기도했다.

그날 밤을 뜬눈으로 지새운 나는 새벽 4시 30분경, 계엄 해제 뉴스를 보자마자 긴장이 풀려 긴 잠에 들었다. 다음 날 늦은 오후에 일어나서는, 새삼 내가 자유민주주의 국가의 일원이라 다행이라고, 아무 일 없이 밖으로 나가 커피를 마시고, 친구를 만날 수 있어서 다행이라고 생각했다.

그리고 며칠 뒤, '대한 의과대학·의학전문대학원 학생협회'는 계엄령에 관한 성명을 발표하였다.

> "…이러하듯 윤석열 대통령은 국민의 안녕을 전혀 생각하지 않고 자리보전만을 모색하며 불가침의 헌정질서까지 파괴했다. 이런 인물의 폭거로 인하여 대한민국의 민주주의, 질서, 의료가 파괴되어서는 안 될 것이다. 따라서, 우리 학생들은 한목소리로 정부에 전한다.
> **정부는 과학적 근거 없이 대통령실의 야욕만을 위해, 10개월 간의 명령을 12월 3일 계엄으로 완성시키려 했던 의료개악을 즉각 철회하라.**"

여섯 시간 동안 지속된 계엄령은, 온 국민을 공포에 몰아넣었다. 뿐만 아니라 정책에 반대하는 학생과 전공의들을 탄압해 교착 상태에 있던 의정 갈등을 폭력으로 해결하려 한, 민주주의 가치와 질서를 짓밟는 행위였다. 팽팽했던 정부와 의료계 간 줄다리기는 이를 기점으로 어떤 국면을 맞이할까.

그해 겨울은, 내겐 참 추운 겨울이었다.
곧 다가올 크리스마스에 번화가는 얼굴에 웃음꽃이 핀 사람들로 인산인해를 이루었다. 팔짱을 끼고 데이트를 하는 연인들, 엄마 아빠 손을 잡고서 커다란 티니핑 장난감을 품에 안은 채 행복해하는 아이들, 주머니에 들어 있던 낡은 지폐를 펴 구세군 자선냄비에 넣는 사람들, 맛있는 스테이크를 입에 넣으며 행복한 시간을 보내는 가족들. 하늘에서 내린 하얀 눈이 모두의 근심 걱정을 씻어내려 주기라도 하는 듯, 거리는 그 어느 때보다도 활기가 넘쳐 보였다.

"우리, 내년 1학기도 휴학계 내는 거지?"

당연한 듯 묻는 재현이에게 현준이는 좌우로 고개를 휘저으며, 모른다는 표정으로 어깨를 으쓱였다. 겨울 동안 무언가 변화가 있겠지, 기다려 보자며 차분히 이야기하는 도연이의 표정에도 한껏 그림자가 드리워져 있었다. 하하 호호, 밖에서 들려오는 해맑은 웃음소리를 들으며, 말없이 잔을 비우는 우리들이었다.

문득, 우리의 시간만 이렇게 멈추어 버린 것 같다는 생각이 들었다. 모두가 바쁘게 1년을 살아냈을 것이고, 무언가를 이루었을 것이고, 그렇지 않더라도 각자의 자리에서 다들 조금씩은 성장했을 것인데, 우리만 이 자리에 그대로 머물러 있었다. 정의를 위한 투쟁을 하는 중에도 정의롭지 못한 일들은 끊임없이 일어났다. 그건 옳지 않다고, 정의롭지 않다고 이야기하는 사람들은 종종 비난의 손가락질을 견뎌야 했고, 그 손가락질의 대상이 때론 내가 되는 것 같은 느낌을 받기도 했다. 소신과 신념으로 이어가던 투쟁은, 어느새 우리의 마음에 크나큰 멍을 남겨놓은 듯했다.

딱 1년 전, 합격 연락을 받고 순수하게 아이처럼 행복해했던 과거의 내가 그리워지는 날들이었다.

* * *

댕, 댕, 댕….

33번 울린 제야의 종소리가, 2025년의 시작을 알렸다. 우리 가족은 매년 12월 31일 밤, 거실에 다 같이 모여 새해를 맞이했다. 각자 새해에 이루고 싶은 일을 말했고, 서로에게 응원을 건넸다. 아빠는 새롭게 사업을 확장하신다고 하셨고, 엄마는 다니던 회사의 계약 기간이 연장되었다며 웃으셨다. 동생은 이제 고등학교에 입학해 열심히 공부하겠다 다짐했다. 미래는 누구도 알 수 없지만, 나도 올해는 학교에서 예과 1학년 수업을 들을 수 있을 거라고, 지금껏 마음에 품었던 소망을 말해보았다. 12월 14일 국회에서 두 번째 탄핵 소추안이 가결된 이후, 우리나라의 대통령은 지금껏 직무 정지 상태였고, 그동안 어떤 변화도 없었다. 이즈음 의정 갈등은 뉴스의 화젯거리가 아니었다.

그날의 하늘에는 하얗고 커다란 보름달이 떠 있었다. 한국의 가장 큰 명절, 설날이었다.

오랜만에 할머니, 할아버지를 비롯한 가깝고 먼 친척들이 한자리에 모였다. 나는 친척들이 많이 계신 편이어서, 명절에는 할머니 댁 거실에 발 디딜 틈이라곤 없었다. 이 점은 항상 나에게 유리하게 작용했는데, 나는 첫째 딸이었고, 공부도 곧잘 했기 때문에 세뱃돈을 많이 받을 수 있었다. 그러나 올해는, 열댓 분의 친척분들이 좋게만 느껴지지는 않았다.

"서연아, 너도 이제 결혼할 나이가 되지 않았나?"

"현수는 아직 손자 계획은 없고?"

"민아는 어느 회사 들어갔다고 했더라?"

할머니께서는 먼저 사촌 오빠와 언니들에게 질문을 퍼부으시고는, 나를 바라보셨다.

"유진이는 올해도 학교 안 가나?"

"아 맞다, 유진아, 너 학교 안 가고 있지? 그냥 너 혼자 가면 안 돼?" 삼촌께서 덧붙이셨다. 나는 별다른 할 말을 찾지 못하고, 옅게 웃어 보일 뿐이었다. 투쟁과 정의에 대해 이야기하기에는 너무 좋은 날이었다.

* * *

"이유진 님의 일반 휴학 신청이 학과에서 반려되었습니다.

(교육부 휴학 불가 방침 및 본교 여건 고려 일반 휴학 승인 불가)"

학교에서는 2월에 제출한 2025학년도 1학기 휴학계가 반려되었음을 알려왔다. 투쟁을 지속하려는 우리를 비웃는 듯했다. 뉴스에서는 "3월 말까지 의대생 복귀하면 2026학년도 의대 정원 원점 복구"라는 헤드라인이 크게 화면을 장식했다. 교육부의 협박이었다.

그러나, 아직 학교로 돌아갈 수 없었다. 우리가 반대한 의료 정책에는 의대 증원뿐만 아니라 현실적인 실행 방안이 없는 의료 인력 확충과 지역의료 강화, 그리고 환자들의 진료에 대한 선택권을 과도하게 억압하는 혼합진료 금지 등의 내용을 담은 필수의료 정책 패키지가 포함되어 있었다. 26학년도에 한정된 의대 정원 동결 약속은, 투쟁의 종점과는 한참 거리가 먼 것이었다.

며칠 뒤, 뉴스에서는 이런 말이 흘러나왔다.

"의대생 복귀 시한 임박… 미복귀 시 학칙 따라 엄정 대응" 휴학계가 반려되었으니, 복학 신청을 하지 않으면 학생들을 제적시키겠다는 뜻이었다. 그러나, 우리는 정해진 절차에 따라, 개인의 선택에 의해 휴학계를 제출하였으므로 학교의 일괄적 반려 처리가 잘못된 것이었다. 애초에 우리의 적법한 휴학계가 승인되었어야 했다.

2024학년도 2학기에도 우리는 정확히 똑같은 상황이었고, 똑같은 절차로 휴학계를 신청했으며, 결국 그 휴학계는 승인되었기에 제적을 피하려 복학하는 것은 되려 우리가 제출한 휴학계의 정당성을 스스로 부인하는 꼴이 될 것이었다. 게다가 하나, 둘 복학을 택하면 설령 복학 후 수업을 거부한다 하더라도 언론에서는 '의대생 복귀'라 보도할 것이 불 보듯 뻔했고, 결국 정의를 위한 우리 투쟁의 설득력도 함께 떨어질 터였다.

전국 의과대학의 복귀 시한은 조금씩 달랐고, 우리 학교의 복귀 시한은 3월 23일이었다.

학교에서는 이메일과 문자를 보내기 시작했다.
"우리 대학 학칙에 따르면 3월 23일까지 복학 신청을 하여야만 제적 등의 불이익을 받지 않을 수 있습니다."
"의과대학 학생 여러분은 3월 23일까지 반드시 복학을 신청해 주시기를 바랍니다."

3월 21일에는, 부모님께서 초인종 소리에 나갔다가 우편을 받아오셨다. 학교에서 24학번 학생들에게만 등기 우편을 보낸 것이었다. 24학번은, 다른 학번과 달리 제적될 경우 재입학이 불가능할 수 있다고 쓰여 있었다. 위 학번 선배님들은 제적되더라도, 학교 측에서 내년 3월, 재입학의 방법으로 구제해 줄 수 있는데, 그때 24학번에게는 남은 자리가 없을 것이라는 경고였다. 이미 모집된 25학번과

26학번으로 정원이 채워질 것이기 때문이다. 24학번은, 자신의 신념을 지키기 위해 더 큰 대가를 감수해야 했다. 나는 조금 외로워졌다.

엄마는 걱정스러운 얼굴로 말씀하셨다.
"유진아, 그래도 복학 신청은 해야 하지 않을까. 의대에 입학하려고 들인 시간과 돈이 아깝지도 않니."
"너 하나쯤 복학 신청 해도 되잖아. 친구들한테는 아빠가 몰래 해버렸다고 말해."
뉴스에서는 오늘도 '엄정한 학칙 적용'을 반복해 보도하고 있었다. 지금껏 나의 결정을 존중해 주셨던 엄마, 아빠도, 이렇게 말씀하시니 마음이 흔들렸다. 내가 의대생이 되었다고, 여기저기 자랑하시던 모습이 떠올랐다. 엄마는 우리 의대 건물 앞에서 나와 찍은 사진을, 아빠는 내 의대 합격증을 프로필 사진으로 설정해 두셨다. 어쩌면 이번에는 한발 물러서도 괜찮을지 모른다. 내가 의대생일 때만 의미 있는 이 투쟁을, 제적을 감수하면서까지 해야 할 필요는 없을지도 모른다. 제적이 되면 어떡하냐며 슬퍼하시는 부모님께 나는 돌이킬 수 없는 불효를 저지르고 있는 것 같은 기분이었다. 사랑하는 부모님을 위해서, 우리 집 바깥세상 다른 모든 일에 대해서는 신경 쓰지 않고 싶었다. '으대생 100% 미복학'이라는 수치가 '99%'가 되어도, '98%'가 되어도, 여전히 괜찮을 거라 생각하고 싶었다.

그 생각에 이르자, 나는 우리 학교 의과대학 건물을 보러 가고 싶어졌다.

버스를 타고 학교로 걸어가는 길에서부터 눈물이 차올랐다. 그렇지만 발걸음을 멈추고 싶지 않았다. 내가 사랑했던 곳에 마지막 인사를 하고 싶었다. 지금 펑펑 울어버리고, 집에 돌아가 부모님 앞에서는 울고 싶지 않았다.

약 1년 전, 학교에 입학해 처음 의과대학 건물을 올려다보았던 날이 떠올랐다. 그날, 내가 꿈꾸었던 의사는 어떤 모습이었나. 가장 어리고 약한 생명을 지켜내고 싶었다. 그 마음으로 한국의 의료 시스템을 지켜내기 위해 투쟁을 시작했다. 발걸음을 옮겨 학교 건물 안으로 들어서자, 수업 전면 거부를 결의했던 그날이 떠올랐다. 이어서는 다양한 분야를 공부해 볼 수 있었던 연구실, 다양한 사람들을 만날 수 있었던 학생회에서의 경험이 떠올랐다. 지금껏 가족처럼 지내온 도연이, 재현이, 현준이의 얼굴도 떠올랐다. 1년간 진심을 다해, 사랑했던 곳이었다.

이제는, 의대생이 아닌 내가 어떤 모습일지 감도 오지 않았다. 학창 시절 전부를 바쳐 얻게 된 합격증을 투쟁에 걸어야 했다. 그러나, 나의 소신과 신념에 따라 행동하지 못한 채, 현실에 순응해 버린 의사가 되고 싶지는 않았다. 내가 의사가 되지 못하더라도, 그런 어른이 되고 싶지는 않았다.

그날 밤, 잠에 들기 전, "휴학계 반려로 인해 제적 등의 부당한 조치가 발생하였을 때 연대하여 투쟁하겠습니다."라는 연서명 운동에 수많은 선배님들이 참여하신 것을 보고, 나는 다시 한번 굳게 마음먹었다.

그렇게 3월 23일 아침이 밝아왔다.

복학하지 않겠다, 끝까지 소신을 지키겠다 마음 먹었지만 싱숭생숭한 기분은 어쩔 수 없었다. 좋아하는 달달한 녹차라테를 마시고, 컴퓨터게임에 몰두해 보려 했지만, 쉽사리 손에 잡히지 않았다. 혹여나 불편할까 싶어 동기들에게 먼저 연락을 하기에도 조심스러웠다. 괜히 휴대폰을 만지작거리다, "제적이 되어도 정말 괜찮겠어?"라는 부모님의 전화에 "응, 내 선택이니까 후회 없어."라며 웃으며 안심시켜 드린 후에는, 얼른 오늘 하루가 지나가기만을 바랐다.

따르릉-

잠잠하던 휴대폰에 '한도연' 세 글자가 나타났다.

반가운 마음에 얼른 전화를 받았고, 평소처럼 기분 좋게 인사를 건넸지만, 이어지는 도연이의 깊은 한숨에, 나는 웃음을 거두어들여야 했다.

한참을 뜸 들이던 도연이가 울먹이며 이야기했다.

"나 복학하기로 했어…."

머리를 한 대 맞은 기분이었다. 복학을 할 건지, 하지 않을 건지에 대해서 도연이와 이야기를 나누어 본 적은 없었지만, 당연히 나와 함께해 줄 거라 생각했었다. 학교에 와서 제일 처음으로 친해진 친구이자 지금껏 투쟁을 함께해 준 동료로서 정말 든든했는데. 어떻게 반응해야 할지, 차마 입이 떨어지지 않았다.

"나도 오래 고민을 해봤는데… 나도 정책이 잘못된 건 알고 있고, 투쟁을 해야 하는 것도 잘 알고 있어. 그런데… 아무리 생각해 봐도 제적이 되는 건 너무 무서워… 이런 선택을 하게 되어서 내가 너무 미안해. 끝까지 함께해 주려고 했는데… 그래도 복학 신청은 하고 수업을 듣지 않는 방식으로 계속 투쟁할 거고, 너를 응원하는 마음은 변하지 않을 거니까… 이해해 줬으면 좋겠어…."

도연이를 이해할 수 없는 것은 아니었다. 다들 오랜 시간을 바쳐 이루어 낸 의대 입학이었을 것이기에, 제적시키겠다는 협박은 두려울 수밖에 없음을 잘 안다. 나 역시도 그랬고. 하지만 나에겐, 투쟁을 계속해야 한다는 확신과, 모두가 하나로 뭉쳤을 때 가장 강력하다는 확신이 있었다. 1년 동안 길고 긴 싸움을 지속할 수 있었던 이유도 40

개 의·대학 구성원 모두가 함께했기 때문이고, 우리의 이야기가 설득력 있었던 것도 여러 명이 함께 목소리를 내고 있었기 때문이었다. 그래서 이번에도 나는 그런 내 확신이 틀리지 않았다는 것을, 함께할 때에 얼마나 큰 힘을 낼 수 있는지를 다시 한번 증명해 내고 싶었다.

도연이의 선택을, 끝내 온전히 지지해 주진 못할 것 같았다.

그렇게 전화를 끊고 나는 한참을 넋이 나간 채로 허공만을 바라보았다. 생각지도 못한 전우(戰友)의 이탈은 많은 것을 빼앗긴 기분이었다.

얼마 지나지 않아, 재현이는 부모님께서 몰래 등록금을 내버리셨다는 사실을 이제야 알게 되었다며, 너무 미안하다는 이야기를 전해왔다. 재현이로선 어쩔 수 없는 일이었겠지. 괜찮다고, 그래도 우리보단 부모님이 먼저 아니냐고 웃음 지어 보였다. 다행히 혁준이는 나와 끝까지 투쟁을 함께해 주었지만, 군 휴학이라는 선택지도 고려하고 있는 듯했다.

그날 밤, 24학번 단톡방에서는 동기들이 "미복학 휴학하겠습니다."라는 결의문을 연이어 올리기 시작했다. 수많은 동기들이 결의문을 올리며 서로를 북돋아 주었음에도, 한도연과 박재현의 이름이 올라오지 않는 단톡방은 어딘가 허전해 보였다.

다음 날부터 우리 넷의 단톡방은 이상하리만치 조용했다. 잠깐 씻고만 나와도 100개가 넘는 연락이 쌓여 있곤 했었는데, 이젠 용건이 없으면 아무도 먼저 이야기를 시작하지 않았다. 가장 마음이 쓰였던 건, 우리가 서로에게 상처 주지 않으려 애쓰고 있었다는 것이다. 누군가를 원망하거나 비난하는 말 대신, 다들 서로의 입장을 이해하려고 노력할 뿐이었다. 그런 모습이, 더 아팠다. 각자의 사정 속에서 최선의 선택을 한 것임을 알면서도 쓸쓸한 기분이 드는 건 어쩔 수 없었다.

피크닉을 했던 날, 기숙사 벤치 앞에서 넷이 나눠 마셨던 맥주의 맛이 문득 떠올랐다. 그 기억을 떠올리며 사 온 맥주는, 오늘따라 유난히 역했다. 결국 반도 채 마시지 못한 채, 남은 맥주를 싱크대로 흘려보내야 했다.

우리는 두 갈림길 중 하나를 선택해야 했고, 클릭 한 번으로, 보이지 않는 선이 그어졌다. 24학번 전체에는 '누가 복학 신청을 했다더라.' 하는 소문이 무성했다. 다른 친구들은 어떻게 알았는지, 도연이와 재현이의 이름도 구설수에 올라와 있었다. 1년간 서로를 믿으며 투쟁한 결과는, 반으로 갈라져 버린 동기들이었다. 나조차 복학을 신청한 동기에게 배신감이 드는 마음을 어찌할 수 없었다. 더 이상 내가 사랑했던 친구들이 원래의 모습으로 보이지 않았다. 소중한 친구들에게 상처를 주고 싶지 않았지만, 분노와 슬픔의 감정이 온몸을 휘감아 버리고 말아 스스로가 무력하게 느껴졌다. 투쟁의 진정한 목적은 어느새 변질되어 버리고, 모두에게 상처만 남은 것 같았다. 이 일이 언제쯤 그저 하나의 지나간 추억이 되어 사소한 안줏거리가 될 수 있을지, 그 누구도 알지 못했다. 의대 생활 6년을 동고동락하다 보면, 처음의 우리로 돌아갈 수 있기를 바라볼 뿐이었다.

불행히도, 전국 40개 의과대학의 단일대오(單一隊伍)는 그리 오래가지 않았다. 우리 학교는 끝까지 복학을 신청하지 않은 학생들이 많은 편이었지만, 제적 협박이 심했던 학교들에서는 하나, 둘 복학 인원이 많아지면서 학교 전체 방침을 복학 후 투쟁으로 바꾸기 시작했다. 견고했던 우리 학교에서도 "불안하다", "다른 학교들처럼 우리도 방침을 바꾸어야 하는 것 아니냐.", 는 이야기가 조금씩 들려오기 시작했다. 나는 여전히 복학을 하지 않길 바랐으나, 하룻밤 자고 일어나면 추가로 방침을 바꾼 학교가 서너 군데 더 생겨나는 상황에서, 언제까지나 미복학을 고수할 수는 없었다.

결국 우리 학교도 투표를 진행했고, '복학 후 수업 거부'로의 행동 방침 전환이 결의되었다. 이젠 더 이상 학교를 떠나야 할지 모른다는 불안감을 가지지 않아도 됐으며, 부모님께서 우려하셨던 일도 발생하지 않게 되었다. 그러나 이 상황이 전혀 기쁘게 느껴지지 않았다.

짧았던 내부 분열이 우리에게 남긴 것은 무엇이었을까. 복학한 사람에 대한 배신감? 하나, 둘 단일대오가 무너질 때 그걸 지켜만 보아야 한다는 무력감? 가장 소중한 친구들마저도 설득하지 못한 나 자신에 대한 죄책감?

그 모든 감정들을 꾹 눌러 담은 채, 아무 일도 없었던 것처럼 웃어야만 할 앞으로의 시간들이, 지금의 내 마음을 옥죄는 듯했다.

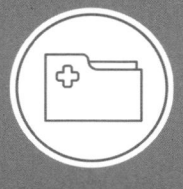

그리고 맞이한 봄

주문. 피청구인 대통령 윤석열을 파면한다.

2025년 4월 4일 11:22

　대한민국 제20대 대통령 윤석열의 탄핵 소추안이 인용되었다.

　나는 뉴스를 통해 헌법재판소의 대통령 탄핵 심판을 한순간도 빠짐없이 눈에 담았다. 의료계의 의견을 반영하지 않은 정책을 추진하고, 계엄령을 통해 그에 반대하는 이들을 탄압하려 한 정부는 이제 없었다. 되살려 낸 민주주의의 이념이 대한민국을 위기에서 구해낼 수 있기를.

우리의 투쟁은, 이제 시작이다.

앞으로 더 큰 고비들이 우리를 기다리고 있을지도 모른다. 때론 굳은 내 신념을 휘청이게 할 만큼 강한 바람이 불어올지도 모른다. 그리고 그 바람에 날아가지 않기 위해 이를 악물어 가며 발밑을 단단히 다져야 할지도 모른다.

그러나 서로를 믿고 연대해 온 지난 1년을 떠올리며, 나는 내가 중요시하는 더 큰 가치를 위해 오늘도 내 자리를 묵묵히 지키려 한다. 갈림길에서 잠시 헤어졌던 도연이, 현준이, 그리고 재현이도 여전히 같은 곳을 바라보고 있기에, 함께했던 시간들이 약이 되어 곧 상처가 아물 수 있기를.

다시 맞이한 봄이 조금은 얼룩졌을지라도, 우리의 불꽃은 여전히 타오를 테니.

2부

우리는 무엇을 위해 투쟁하는가?

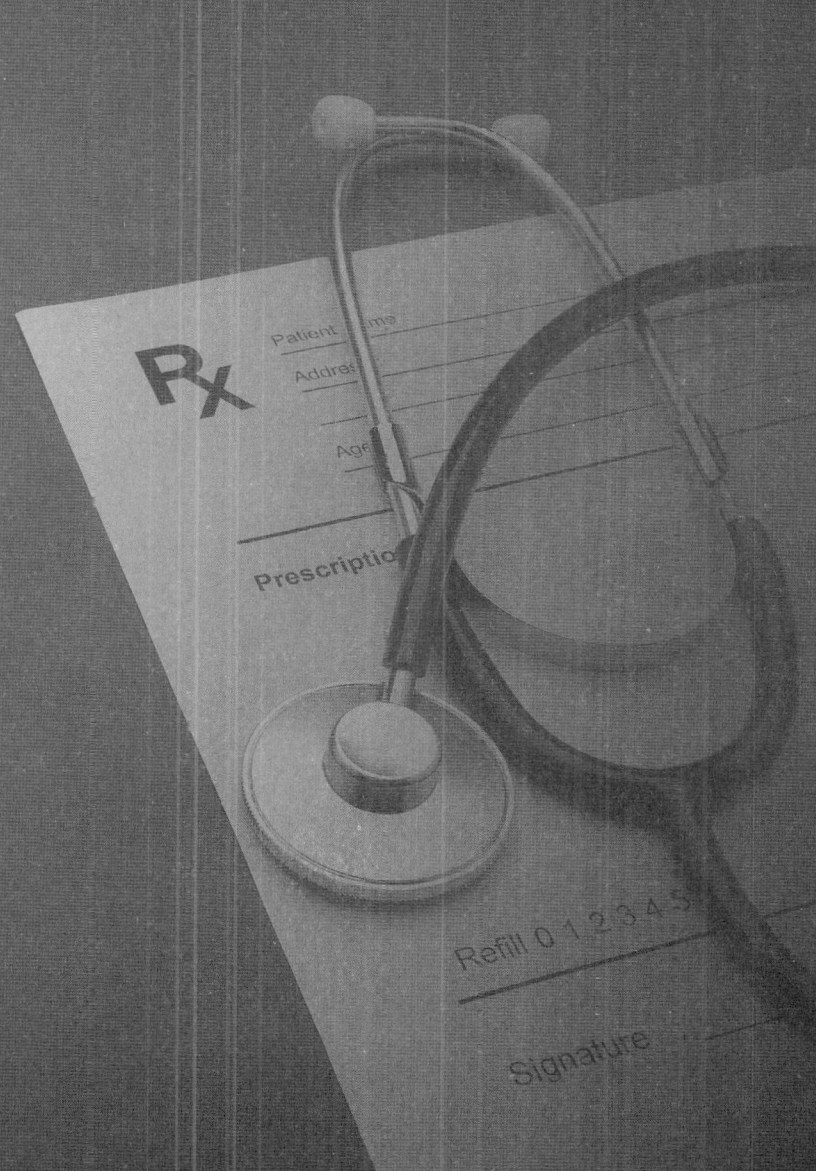

이렇게 1부의 '유진이'처럼, 지난 1년간 저희 의대생들에겐 정말 많은 일이 일어났습니다. 1부의 '유진이'의 이야기가 여러분에게 얼마나 와닿았을지, 또 얼마나 공감이 되었을지는 모르겠습니다만, 저희가 속된 말로 '밥그릇'을 지키고, 기득권 세력을 강화하기 위해 지난 1년의 시간을 보낸 것은 아니라고 말씀드리고 싶었습니다.

2부에서는, 저희가 이렇게 소중한 것들을 포기하면서까지 지키고 싶었던 것은 무엇인지 이야기해 드리려고 합니다. 정책에 대해서는 아무것도 설명할 수 없었던, 그저 선배님께서 설명해 주시던 내용을 멍하니 듣던 과거의 저희는 "내가 이 투쟁을 하는 이유가 무엇인가?"라는 질문을 끊임없이 던지며 이제껏 이 시간들을 견뎌왔습니다. 이제 막 의사와 의대생 사회에 발을 들인 24학번들이 선배들과 함께 투쟁을 하는 건, 결코 박민수 차관이 주장했던 의료계 집단행동 '문화' 때문이 아닙니다. 이 책을 여기까지 읽어주신 여러분에게, 1년간 전국 의과대학 강의실이 텅 비었던 이유에 대해 저희의 눈높이에서 이해한 대로 쉽게 풀어 설명해 드리고자 합니다.

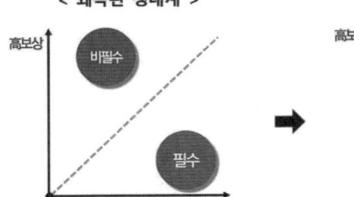
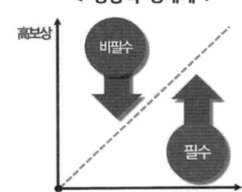

2024. 2. 필수의료 정책 패키지

그림은, 정부가 작년 2월 발표한 '필수의료 정책 패키지'의 추진 배경입니다.

우선 필수의료란, 국민의 생명과 건강에 직결된 의료 서비스로, 적절한 처치를 받지 않으면 심신에 중대한 위해가 발생할 수 있는 서비스를 의미합니다. **필수의료가 부족한 이유, 즉 의사들이 한국의 필수의료에 종사하지 않게 된 이유는 크게, '낮은 금전적 보상'과 '높은 의료사고 부담'의 두 가지입니다.** 그러나, 필수의료 정책 패키지는 이를 제대로 보완하지 못했고, 단순히 '의대 정원 증원'처럼 의사 수만 늘리는 정책에 그쳤습니다. 이는 실효성이 없을 뿐 아니라 오히려 부작용만을 초래할 수 있습니다. 이에 더해 '필수의료 정책 패키지'에 포함된 여러 항목도 다루어 설명해 드리겠습니다.

먼저, '필수의료 정책 패키지'에서 '문제의 근원'이라고 언급된 '불공정 의료 생태계'에 대해 설명해 드리겠습니다. '의료 생태계'는 왜 불공정할까요?

의료 생태계를 이해하기 위해서는 급여와 비급여의 정의부터 알아야 합니다.

의료 행위는 크게 급여 항목과 비급여 항목, 두 종류로 나눌 수 있습니다.

	특징	예시
급여	· 치료에 필수적인 진료 · 치료의 효과와 필요성이 건강보험심사평가원(심평원)을 통해 인증됨 · 안정성과 효과성 평가 완료 · 비용을 국민건강보험(국가)에서 부담	질병 진단 목적의 내시경 또는 혈액검사 등
비급여	· 치료에 필수적이지 않은 진료 · 새로 나와 아직 심평원의 심사가 끝나지 않은 치료 방법 · 환자가 전액 부담 또는 실손 보험에 의해 일부 부담	도수 치료 미용 목적의 치료 등

먼저 '급여'라고 불리는 의료 서비스는 치료의 효과와 필요성이 건강보험심사평가원(심평원)의 평가를 통해 인증된 치료 방법입니다. 안정성과 효과성 검사가 완료되었고,

진료에 있어 '필수적이고 중요한' 항목들이라고 할 수 있습니다. 예를 들면, 진단을 위해 필요한 X-ray, 혈액검사와 같은 것이죠. 그리고 그 비용은 대부분 국가가 부담합니다. 우리나라에는 다른 나라에는 없는, 국가가 운영하는 보험인 '국민건강보험'이라는 제도가 있습니다. 대한민국 국민이라면 태어나면서부터 자동으로 가입되는, 이 '국민건강보험' 덕분에 우리는 지금까지 의료 서비스를 저렴한 가격에 이용할 수 있었습니다.

두 번째로, '급여 항목'이 아닌, 국민건강보험에서 치료비를 보장해 주지 않는 의료 서비스를 '비급여 항목'이라고 부릅니다. 이는 라식 수술, 피부과 레이저 진료, 도수 치료부터 새로 개발되어 아직 건강보험심사평가원의 심사가 끝나지 않은 난치병의 신약 등을 포함합니다. '정말 필요한 진료'가 아니라면, 비급여 진료로 분류된다는 것이죠. '비급여 항목' 의료 서비스를 구입할지는 일반적으로 환자의 선택에 달려 있습니다. 주로 의사들이 '선호하는 과'라고 알려진 피부과, 안과, 성형외과 진료의 많은 부분이 비급여 진료입니다. 의사들은 꼭 필요한 '급여 항목'의 치료를 진행하면서 '비급여 항목' 치료를 병행하기도 합니다. 예를 들면 '수면내시경' 검사를 할 때, '수면'을 위한 마취제는 비급여이지만, 질병의 진단을 위해 꼭 필요한 '내시경'은 급여인 식으로 말입니다. 이 경우, 마취제 비용은 환자가 부담하고, '내시경' 비용은 국가가 부담하게 됩니다.

의료에 관심이 많으신 분이라면, 의사들이 '수가를 올려달라고 한다.'는 주장에 대해 한 번쯤은 들어보셨을 겁니다. 건강보험심사평가원에 따르면, '의료수가'란, '의료기관이 건강보험이 적용되는 의료 서비스를 제공하고 환자와 건강보험공단으로부터 받는 총액'을 의미합니다. 여기서 중요한 지점은 그 대상이 '건강보험이 적용되는 의료 서비스'라는 점입니다. **수가는 간단히 말해, 의사가 급여 진료를 하고 받는 돈입니다. 그리고 그 금액은 국가가 결정합니다.**

비급여 진료는 국가가 가격을 정해두지 않습니다. 즉,

시장의 수요와 공급의 법칙에 따라 그 가격이 정해지게 된다는 것입니다. 상대적으로 높은 비급여 진료의 가격은 '보이지 않는 손'에 의해 시장에서 형성된 것입니다. 전문성, 정밀성 등 '의료 서비스'의 특성상 시장에서 그 가치가 높게 매겨진 것이죠. 그리고 이것은 사회적 문제가 아닙니다. 환자가 '선택'하는 의료 서비스의 가격이 높다고 해서 정부가 관여해 가격을 떨어뜨리는 데에 국가 예산을 쓰는 것은 시장에 대한 정부의 과도한 개입입니다.

그렇다면 '급여 진료'는 어떨까요. 주로 '기피하는 과'로 알려진 내과, 외과, 산부인과, 소아과의 중증 치료는 대부분 급여 항목입니다. **급여 진료는 앞서 그 가격이 '수가'로 정해져 있다고 설명했습니다. 그리고 그 수가는 매우 낮은 편입니다.** 생명에 직결된 치료들을 '돈이 없어서' 받지 못하는 일이 없도록, 우리나라는 소위 '중요한' 치료들의 가격을 저렴하게 설정했습니다. 그 말은, 의사의 입장에서는 치료하기 어렵고, 결과를 예측할 수 없어 소송의 위험도 높은 치료 행위들의 보상이 더 낮다는 것입니다.

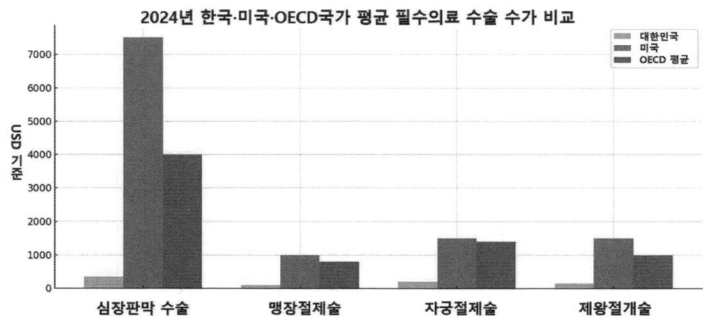

위 그래프는 의사 신문의 분석 자료입니다. '외과'는 필수의료 중에서도 고난도의 수술이 요구되는 분야이지만 현재 한국의 필수의료 수술 수가는 미국이나, OECD 평균에 한참 미치지 못하는 수준입니다. 2025년 외과의 수가 인상률은 1.2%에 불과했습니다. 이는 2024년 한국의 물가 상승률인 2.3%보다 현저히 낮으며, 그동안 지금껏 수가 인상률이 물가상승률을 제대로 반영하지 못했기 때문에 우리나라의 '필수의료 수술 수가'는 너무 낮아 원가도 보전하지 못하는 수준이 되었습니다. 그래서 우리나라의 병원들은, '급여 항목' 진료로 생기는 손해를 '비급여 항목' 진료로 메꾸어야 했습니다.

한 가지 의문이 듭니다. 한국 사회에서 '수가'를 올리기는 왜 어려울까요. 이 과제는 왜 어떤 정부도 해결하지 못했을까요. **왜냐하면 '수가'를 올리는 순간, 국민건강보험에서 병원에 지급하는 돈이 증가하기 때문입니다. 그 말은, 건강보험료, 즉 우리가 국민건강보험에 내야 하는 돈도 늘어난다는 뜻입니다.** 이는 시민들의 반발을 가져올 것이기에, 정부는 수가를 아주 조금씩, 조금씩 올릴 수밖에 없던 것입니다.

어렵지만 혹시 궁금하신 분들을 위해, 수가는 어떻게 책정되었을까요?

수가는 상대가치점수와 환산지수의 곱으로 산정됩니다.
상대가치점수란, 의료 행위의 난이도, 소요 자원, 위험도 등을 반영한 점수로 5~7년 주기로 전면 개편됩니다. 물론 신규 의료 행위가 생기거나 특정 분야에서 큰 변화가 생기면 부분적으로는 조정될 수 있으나, 수시로 바뀌지는 않습니다.

환산지수란, 보건복지부와 의사협회가 매년 협상을 통해 결정되는 값으로, 건강보험공단이 매년 설정하는 요양급여비율 증가율을 기준으로 물가 인상률, 진료량 추이 등 등을 반영해서 결정됩니다. 협상이 결렬되는 경우 보건복지부가 결정해서 고시하는 방법을 채택하고 있습니다.

<'24년 최종 환산지수>

구 분		병원	의원	치과	한의	약국	조산원	보건기관
점수당 단가(원)	'23년	79.7	92.1	93.0	95.4	97.6	151.7	91.0
	'24년	81.2	93.6	96.0	98.8	99.3	158.7	93.5
인상률(%)		1.9	1.6	3.2	3.6	1.7	4.5	2.7

다음은 그렇게 결정된 2024년 최종 환산지수입니다. 2024년 소비자물가상승률이 2.3%인 것을 고려할 때, 병원

과 의원은 그에도 미치지 못하는 인상률을 고지받았습니다. 이는 병원과 의원이 치과나 한의에 비해 진료량이 많으며, 세부 분과도 많아서 인상률이 적어도 재정 손실이 크기 때문이지만, 의사 입장에서는 기본적인 안정성조차 위협받는 실상입니다.

그러니 굳이 말하자면, 의료 생태계가 불공정한 이유는, '비급여 항목'의 진료비가 높은 것이 그 핵심 이유가 아니라, '급여 항목'의 진료비가 낮은 것에 있습니다. 정말 중요한 것은 보상이 적기 때문에, 우리나라의 '필수의료', 즉 생명과 직결되는 과를 선택하는 의사의 수가 매우 적다는 것입니다. 돈이 더 필요하다는 의미가 맞습니다. **그런데, 단순히 생각하듯 '돈 잘 버는 과의 돈을 뺏어서, 기피과에 주면 되는 거 아니냐.'는 주장이 통하지는 않습니다.** '비급여 항목'의 높은 이윤은 시장에서 형성되었고, '급여 항목'의 낮은 이윤, 오히려 손해가 생기는 가격은 국가에서 지정했기 때문입니다.

그렇다면 정부는 '낮은 금전적 보상'을 어떻게 해결하려 했을까요?

앞서 언급했듯, 현재 정책수가는 환산지수 계약에 의한 각 진료행위별 획일적 인상 구조를 채택하고 있는데, 정부에서는 이것을 필수의료 분야의 집중 인상 구조로 바꾸겠다고 발표하였습니다. 저평가된 필수의료 항목의 상대가치 점수를 선별하여 특정 항목만 집중 인상 하겠다는 이야기인데, 문제는 확보된 재원이 없다는 것입니다. 제한된 자원으로 필수의료의 몇몇 항목만 수가를 인상하려면, 이 외의 항목에 대해서는 현상유지가 불가능하고 오히려 감액될 가능성이 있습니다. 그러면 특정 의료 서비스들은 약제비, 인건비 등 수술 원가는 높아지는데, 이에 역행하여 가격이 낮아질 수 있겠네요. 앞서 설명했듯, '수가'가 적용되는 의료 항목들은 모두 '진료를 위해 꼭 필요하고 중요한' 것들입니다. 즉, 재원 확보가 선행되지 않은 필수의료 분야의 수가 인상은 제로섬게임일 뿐, 결국 다른 문제를 낳게 됩니다.

그리고 정부는 이러한 필수의료를 위해, 보완형 공공정책수가를 도입하겠다고 밝혔습니다. 정책수가를 상대가치점수×환산지수+보완형 공공정책수가로 개정하여, 난이도, 숙련도, 대기 및 당직 소요 시간 등 행위에 직접적으로 포함되지 않는 자원 소모를 보완형 공공정책수가에 포함시켜 보상해 주겠다는 발표입니다. 그러나 그러한 자원을 객관적으로 평가하기란 매우 어려워 보입니다. 주관적으로 평가한다면 그 주체는 누구인지, 그 주체가 병원의 최전방에서 일하는 의사가 아니라면 현실적인 난이도와 숙련도를 파악할 수 있을지 등 여러 가지 문제가 생깁니다. 그리고 해당 수가는 2년 주기로 재평가를 하기 때문에, 재정 악화나 상황 변동이 있을 시 이에 따라 가격이 조정될 수 있는 불확실한 보상입니다.

계산 결과에 따르면, 그 과정에 따라 조금씩 차이는 있지만, 국민건강보험 재정은 2030년경에는 모두 고갈됩니다. 우리나라의 싸고 질 좋은 '의료'는 지속 가능하지 않다는 것입니다. 정부는 이에 대비해 어떤 대책을 준비했을까요?

앞서 말했듯 '필수의료 정책 패키지'에 제시된 '급여 항목'의 수가 조정 계획은 건강보험료 인상, 추가 재정 투입 없이는 제로섬게임의 재정을 재분배하는 것에 그쳐 큰 의미를 가지지 못합니다. 그래서 정부가 발표한 정책은 '혼합진료 금지'였습니다.

이는 2024년, 처음 이 정책이 발표되었을 때, 정부가 '필수의료 정책 패키지'의 주요 내용을 공개한 문서에서 가장 많은 반발을 샀던 부분 중 하나입니다.

□ **비급여 관리체계 확립**

❶ **(관리 강화)** 혼합진료, 모니터링, 質·안전 확보 등 관리체계 강화

- **(혼합진료 금지)**[특위] **비중증 과잉 비급여**(예: 도수치료, 백내장 수술 등) **혼합진료**(비급여+급여 진료) **금지** 적용 추진

    * (실손보험 지출 상위 비급여 혼합진료 비율, '20. 공단) 도수치료 89.4%, 백내장 수술 100%, 체외충격파 95.6%, 비밸브재건술·하이푸·맘모톰절제술 100%, 하지정맥류 96.7%

이를 제대로 이해하기 위해서는 먼저 '실손보험'이 무엇인지 알아야 합니다. 지금까지 설명한 '비급여 항목' 진료 또한 일반적으로는 환자가 모든 비용을 내고 있지 않습니다. 우리나라 인구의 80%는 '실손보험'에 가입되어 있기 때문이죠. '실손보험'이란, 급여 항목의 환자 개인 부담 금액에 대해, 또는 국민건강보험이 보장해 주지 않는 '비급여 항목'에 대해 병의 치료와 진단 목적이라고 판단되었을 때 치료비 일부를 보상해 주는 보험입니다. 일단 병원에 의료비를 지불한 후, 실손보험회사에 치료비를 청구하면, 심사 후 일정 부분 지원해 주는 방식인 것이죠. '실손보험' 덕분에 우리나라는 비급여 항목 또한 저렴하게 이용할 수 있었습니다.

국가가 막으려 한 행위는, 예를 들면 이런 것입니다. 미용 목적으로 피부 시술(비급여 항목)을 받기 위해 불필요하게 피부 질환을 치료받는 것(급여 항목). 그러면, 환자는 미용 목적이 아닌 의료 목적으로 실손보험사에 진료비를 청구할 수 있게 되고, 국민건강보험공단에서는 피부 질환

치료에 대한 진료비를 제공해야 했습니다. 비급여 실손보험금을 청구하려면 건강보험이 보장하는 급여 항목이 1개 이상 포함되어 '의료 목적'임을 증명해야 했기에 비급여 항목에 대한 진료비 청구를 위해 불필요한 '급여 진료'가 이루어지고, 건보재정을 악화시키는 것이죠.

그러나, 비급여 혼합진료 금지는 그보다 훨씬 더 큰 파장을 불러일으킬 듯합니다. 보건복지부에서는 혼합진료는 금지지만, 본인부담금 100%로 전환하여 급여 진료를 비급여로 진행은 가능하다고 발표했기 때문입니다. 만약, 앞으로 정형외과에서 급여 항목인 물리치료를 받으면서 비급여 항목인 도수 치료를 받고 싶거나, 급여 항목인 내시경을 받으면서 비급여인 수면마취도 함께 받고 싶다면 어떻게 해야 할까요. 전부 비급여 항목으로 처리해야 합니다. 그러면 보험료를 내면서도 급여 항목의 건강보험 적용이 불가능해져 환자의 본인부담금이 증가하게 됩니다. 실손보험 청구를 해도, 전액을 돌려받는 것이 아니라 자기부담금과 공제액 등을 제하고 받는 것이니 국민 입장에서는 소액 의료 행위에 대해서는 서류 준비도 번거롭고, 실제 보상 액수도 적기 때문에 보험 청구를 하지 않게 되어 결국 혼합진료 금지는 국민건강보험 재정을 지키면서 실손보험회사의 배를 불리려는 정책이라고 볼 수 있습니다.

이는 의사와 환자의 의료 서비스 선택에 과도한 제한을 두는 것으로, 의료계의 실상을 모르는 정책으로 해석됩니다. 대한신경외과의사회에서는 "환자 만족도가 높은 도수 치료와 물리치료의 병행을 금지하는 비급여 혼합진료 금지는 현실과 괴리된다. 대형 실손보험회사의 압력이 정부 쪽에 강하다는 것은 알고 있지만 그래도 정부가 환자 편에 섰으면 한다."고 밝히기도 하였습니다.

2025년에 발표된 2차 실행 방안에서는, 미용·성형 목적 비급여를 하면서 실손보험 청구를 위해 불필요하게 급여를 병행하는 경우 등에 한해 급여 제한을 확대하겠다, 또한 의학적 필요성이 있어 통상적으로 이루어지는 병행 진료는 현행처럼 급여를 인정하겠다고 밝혔습니다. 그러나 그 '의학적 필요성'을 인정하는 주체가 누구인지, 기준이 무엇인지 명확한 것이 없어 의료계의 불안감은 지속되는 상황입니다.

더구나, 같은 자료의 '실손보험 개혁 방안'을 주의 깊게 보면, 정부가 나서서 보험사 이익을 대변하고 있습니다. 기본적으로 '비급여 항목 관리'와 '실손보험 혜택 축소, 비급여 과다 보상 방지'가 핵심입니다.

② 과잉 우려 큰 비급여에 대한 가격·진료기준 등 적정 관리체계 신설

○ **(원칙)** 의료계 참여를 통해 **의료체계 왜곡** 및 **환자 안전**에 문제가 야기될 수 있는 **과잉 우려 큰 비급여 항목 선정·관리**

 - **가격 + 진료기준**(적응증, 실시 횟수 등) **설정** ⇨ **적정 이용·공급** 유도

○ **(방식)** **과잉 우려가 큰 비급여**에 대해 선별급여 內 **'관리급여'**로 전환하여 **진료기준**(적응증, 횟수 등), **가격** 등 **설정**하여 관리

 - 일반 급여와 달리 **본인부담률 95% 설정, 한시**(예: 5년) **운영 후 평가** 통해 **항목별 지속 적용 여부 등 결정**

 * 「국민건강보험 시행령」 및 「선별급여 지정 및 실시 등에 관한 기준」 [별표1] 평가 기준 등 개정

1️⃣ **보완형 의료보험으로서 건강보험 급여 본인부담 보장 합리화**

○ **(원칙)** 건강보험 급여 본인부담에 대한 **실손보험 자기 부담률 합리화**를 통해 적정 의료 이용을 위한 **건강보험 본인부담制 기능 정상화**

○ **(외래)** 건강보험 급여 본인부담의 실손보험 자기부담률(현행 20%)은 **건강보험 본인부담률과 연동**(실손 자기부담률 20~90%)*

* 보험금 지급 실무상 전체 의료행위 합산 비용 기준
  예: (건보) 비급여(KTAS 4~5)환자의 권역응급의료센터 응급실 외래방문으로 90% 본인부담금 설정 시
  (現) 실손에서 20% 본인부담 적용 → 90%×(1-20%) = 72% 보험사 보장
  → (改) 실손에서 90% 본인부담 적용 → 90%×(1-90%) = 9% 보험사 보장

정부가 발표한 위 자료에 따르면, 건강보험의 본인부담금에 대해 실손보험이 너무 많이 보장하지 않도록 하고, 과잉 우려가 있는 비급여 항목들을 '관리급여'라는 이름 아래 묶어서 본인부담률을 무려 95%로 설정하겠다고 하였습니다. 병원의 과도한 방문을 막고, 의사들이 관리급여 의료 행위들을 과잉 진료하는 것을 막겠다는 취지이지만, 이 모든 구조는 하나의 목적으로 연결되는 듯합니다.

환자들이 부담해야 하는 의료비를 높여서, 실손보험회사들의 보험금 지급을 최소화하는 것이죠.

이것이 바로 국민건강보험의 재정 고갈을 막으면서, "실손보험사의 이익까지 챙겨준다."는 비판이 나오는 이유입니다. '실손보험'은 애초에 민간의 영역이기에 국가가 나서서 기업의 이익을 챙겨줄 필요가 없습니다. 환자의 의료비 부담이 증가하면, 피해를 보는 것은 국민입니다.

'의료 민영화'라는 단어를 한 번쯤 들어보았을 것입니다.
의료 민영화란 무엇일까요? 의료 서비스가 완전히 민간에 맡겨져 시장 원리에 따라 공급과 수요, 가격이 정해지는 의료체계입니다. 즉, 우리나라의 경우로 말하자면, 국민건강보험의 개입이 사라지고, 완전히 의사와 환자, 그리고 민간 보험사에 의해 의료 서비스 시장이 돌아가는 것을 의미하죠. 우리나라도 서서히 의료 민영화로 향하고 있다는 주장이 있습니다. 국민건강보험 재정이 해가 갈수록 줄고 있기 때문입니다. 갑자기 모든 의료 서비스가 민간의 영역이 되면, 그 부작용은 어마어마합니다. 가격이 정해져 있기에 '생명과 직결된 치료'는 어느 병원에서든 같은 수준의 진료를, 같은 가격에 받을 수 있는 지금과 달리, 앞으로는 돈을 많이 가진 사람이 더 좋은 진료를 받게 될 것입니다.

그러므로 국민건강보험 재정을 최대한 지켜내야 한다는 데어 저희 역시 동의합니다. 꼭 필요한 곳에 재정을 사용하고, 부족하다면 건보료를 올리거나, 예산을 투입하는 등의 사회적 합의가 필요하겠죠. 그러나 혼합진료 금지 등의 정책으로, 환자와 의사의 권리를 침해하는 방식을 택하면서 건강보험 재정을 지키는 것은 누구를 위해서도 바람직하지 않아 보입니다. 결국 모든 정책은 국민을 위해 행해져야 하는데, 정책의 시행을 위해 현재 국민들에게 피해를 주는 것은 그 목적과 행위가 뒤바뀐 듯 보입니다.

'사람을 살리는 일'을 하고 싶다는 마음으로 의대에 입학한 학생들이, 결국 '생명과 직결되는 진료'를 선택하지 않는 이유는, 지금까지 설명한 '불공정한 의료 생태계'에서 형성된 '낮은 금전적 보상'에 더해 **_높은 의료 소송의 위험성_** 때문입니다.

필수의료에 종사하는 의료인은 생과 사의 최전방에서 지금, 이 순간도 고군분투하고 있습니다. 물론 환자에게 최고의 의술을 제공해서 건강하게 퇴원할 수 있게 하는 것, 그것이 그들의 임무인 것은 맞습니다. 그러나 인류는 아직 의학의 모든 것을 밝혀내지 못했기에, 의술은 언제나 100%일 수 없습니다. 같은 증상을 보이는 환자에게 같은 시술을 시행해도 결과가 전혀 다르기도 하고, 소생의 가능성이 없다고 판단했던 환자가 기적적으로 깨어나기도 하고, 안정적이었던 환자가 하룻밤 사이 명을 달리하는 일도 종종 발생합니다.

환자의 상태가 악화되었을 때, 환자와 보호자의 슬픔은 저희가 이루 말할 수 없을 만큼 클 것임을 알고 있습니다. 그러나 의료인의 중대한 과실 또는 고의가 아닌 의료행위에 대해 의료인을 형사 기소 하는 일이 반복되면서 소송 리스크가 큰 필수과는 점점 기피의 대상이 되어가고 있습니다.

국내 의료과실 형벌화 현황을 보면, 전체 업무상과실치사상죄 건수 중 전문직은 22.7%, 그중 의사가 73.9%를 차지하고 있습니다. 한국의 의사 1인당 연간 기소 건수는 무려 일본의 265배, 영국의 895배에 이릅니다. 영국은 2017~2018년 의료 행위로 인한 중과실치사로 경찰에 접수된 151개 사례 중 의사는 37명이었으며, 이 중 검찰 기소 결정은 연평균 0.8명에 그쳤습니다. 일본은 의사의 업무상과실치사상죄 기소율이 1999~2010년에는 22.6%였지만, 2011~2015년에는 6.5%로 크게 줄었습니다. 업무상과실치사상죄로 검찰에 입건송치 된 의사 수도 연평균 8.7% 감소한 것으로 나타났습니다.

그래서 정부에서는 의료인의 형사처벌 부담 완화를 위한 '의료사고처리특례법' 제정을 추진하겠다고 발표했습니다. 또한 해당 법률 도입 전 수사 및 처리 절차를 개선하겠다고 밝혔습니다. '의료사고처리특례법'이란, 의료인의 형사처벌 부담을 완화시켜 주기 위해, 보험 및 공제 가입을 전제로 의료사고 대상 공소제기를 제한하는 법률입니다. 필수의료 기피 현상의 가장 큰 원인이 의료 소송에 대한 부담이기도 한 만큼 취지 자체는 의료계에서도 필요하다고 느끼는 부분입니다.

그러나, 천문학적인 배상금액이 해결되지 않은 채로 보험 가입을 의무화하고, 그 보험료에 대해 정부 지원을 제대로 약속하지 않는 것은 필수과 종사자에 대해 이중으로 부담을 지우는 것과 마찬가지입니다. 특례법 발동 조건 역시, 사망사건에도 적용이 되는지 확실하지 않고, 환자 측 동의가 있어야 한다는 조건, 조정 및 중재 참여 거부 시 특례 적용 제외 등이 있기 때문에 매우 제한적인 상황에서만 적용할 수 있을 것으로 보입니다. 그리고 현 의료 현장에서는 의료인의 중대한 과실이 아니더라도, 소송 전 인정할 만한 인과관계가 존재할 경우 사과와 합의가 이루어지고 있기 때문에, 소송을 제한하는 것이 실질적인 효과는 없을 가능성이 높습니다.

수사 및 처리 절차 개선에서 가장 필요한 것은 자문 체계의 공정성일 것입니다. 그리고 그 공정성은 엄격히 '의학적 기준'에 의해서만 판단해야 하며, 익명의 '자문의'가 아닌 일정비율 이상의 의사로 구성된 자문협회에 의해 판단해야 합니다. 의료사고에 의료진의 중과실이나 고의가 없다면, 불가항력적인 위험이 도사리는 의료의 특수성을 고려해서 '공소 제외, 형 감면'이 아니라 형사 적용 자체가 없어져야 필수과 의료진들이 적극적으로 의료 행위를 펼칠 수 있게 될 것입니다.

기본적으로 '피해자에게 해를 입히려는 의도'를 가지고 범죄를 저지르는 범죄자와 '환자를 치료하려 한' 의사는 같을 수 없습니다. '불가항력'적으로 발생한 의료사고의 경우 의사가 아닌 국가가 보상하도록 해야 한다는 것이 의료계의 주장입니다. 현재 우리나라의 경우 태반조기박리, 신생아 뇌성마비 등과 같은 분만(分娩)에 따른 의료사고에 한해서만 국가가 보상하고 있습니다. 현행 법령의 대상 범위를 넓혀야만, 더 많은 의사들이 의료 소송에 대한 두려움을 걸고, '환자에게 최선의 의료 서비스를 제공하는 것'

에 집중할 수 있을 것입니다.

 필수과에 종사하는 의료진들이 소송의 위험에서 벗어나서 안전하고 적극적인 진료행위를 하기 위해서는 의료진의 책임인 것과 그렇지 않은 것의 객관적이고 공정한 판단에 따른 의료진 보호제도가 필요할 것입니다. 선배 의사 선생님들과 앞으로 의사가 될 저희는, 그러한 제도적 뒷받침 아래에서 환자의 건강을 위해 최선을 다하겠습니다.

 정부가 제시한 미용 의료 개선 방안에도, 마찬가지로 의료 소송과 분쟁에 관한 일부 쟁점이 있습니다. 보건복지부에서는 의료적 필요성이 낮고 안전성 확보가 가능한 일부 미용 의료시술에 대해 별도 자격제도와 관리 체계를 구축하고 운영하겠다고 밝혔습니다. 그러나, 의사면허가 없는 무면허자에게 불법인 미용 의료 행위를 일반자격제도로 개방한다는 것은 미용 의료 행위를 더 이상 의료 행위로 취급하지 않겠다는 의미입니다. 미용 의료 행위도 엄연한 '외과적 시술'인데 말이죠.

조창래 대한피부과의사회 회장은 미용의료 개방에 대해 "무분별한 미용 의료시술이 만연할 것이며, 국민 건강의 위협이 증가할 것"이라며 "전 세계에서 비의료인의 불법 의료시술로 인한 실명, 피부 괴사, 사망 등이 다수 발생하고 있는 것이 현실"이라 지적하였습니다.

더구나 이렇게 부작용이 발생하면, 미용 의료 자격자는 의료인이 아니기에 의료법의 적용을 받지 않으므로 의료분쟁조정법이 적용되지 않습니다. 미용 의료에 대해서도 소송에 대한 법리적 근거가 마련되어야 하는데, 의료분쟁조정법이 입법되기까지 소요된 27년이라는 시간만큼 긴 시간이 걸려야 그 근거가 마련될 수 있을 것입니다. 즉, 수많은 의료사고가 발생한 후에야 법제화가 시행될 것이기에, 그 사이에 볼 막대한 피해는 막을 수 없게 되는 것입니다.

의료는 국민들의 삶과 떼려야 뗄 수 없는 가장 중요한 부분이기에, 의료 개혁은 국민들에게 피해를 끼치지 않도록 신중히 진행되어야 합니다. 이렇게 한 번에 수많은 것들을 바꿔버리고자 하는 개혁은, 결코 성공적일 수 없습니다.

이제, 작년 한 해 교육계와 의료계, 정치계를 뜨겁게 달구었던 **의대 증원**에 대해 논의해 보겠습니다.

복지부에서는 2035년까지 1.5만 명의 의료 인력이 부족하다고 발표하였습니다. 이는 현재 부족한 약 5,000명과, 35년까지 1만 명이 부족할 것이라는 계산에서 나온 숫자입니다. 그러나 몇십 년에 걸쳐 5,000명이 부족했던 의료 인력이 지금부터 10년 내로 1만 명이 부족할 것이라는 계산은, 고령화를 고려한다고 해도 근거가 없는 산출입니다. 게다가 대한민국은 2023년 합계출산율이 0.72로(출처: 국가지표체계), 심각한 저출산을 겪고 있습니다. 설령 정말 의사가 부족하다고 해도, 배출되는 데에 의과대학 6년 과정과 인턴 1년, 레지던트 4년이라는 긴 시간이 걸리는 의대생을 증원하는 것은 당장의 해결책이 될 수도 없습니다.

의사 수가 부족한 것이 아니라는 자료는 또 있습니다.

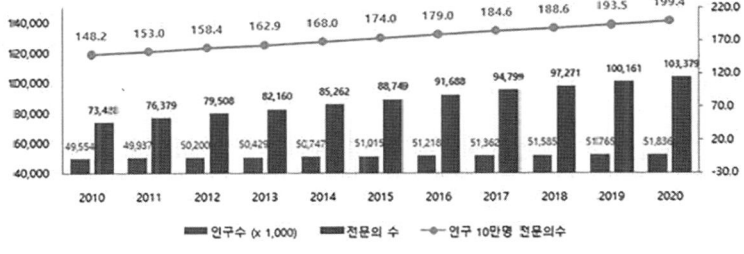

당해 연도에 대해 왼쪽 막대가 인구수(×1,000), 오른쪽 막대가 전문의 수를 나타냅니다.

바른의료연구소의 분석 자료에 따르면, 우리나라의 수련 전문의 수와, 인구 10만 명 당 전문의 수는 2010~2020년까지 꾸준히 증가해 왔습니다. 이것이 의미하는 바는, 병원의 모든 진료 과들에서 '전문의' 자격을 가진 의사는 계속해서 늘어났다는 것입니다. 그런데 지금 '필수의료 인력'은 왜 부족할까요? '필수의료 전문의'가 병원의 열악한 환경을 버티지 못하고 그 자리를 떠났기 때문이겠죠. **병원의 환경은 개선하지 않은 채, 무작정 '의사 수'를 늘리는**

것은 결코 '필수의료'를 살릴 수 없습니다.

　　보건복지부가 의사 수 부족을 근거로 제시한 자료는, 인구 1,000명당 의사 수 통계였습니다. 2020년을 기준으로 OECD 평균 인구 1,000명당 의사 수는 3.6명인 반면, 한국은 2.51명으로 상당히 적은 숫자입니다. 그러나, 연간 의사 1인당 진료 횟수는 OECD 평균 1,788건, 한국은 6,113건으로 1위를 차지했으며, 백내장 수술의 경우 OECD 평균 129일의 대기가 필요한 반면 한국은 당일 수술이 가능합니다. 이 외에도 기대 수명, 영아 사망률, 회피 가능 사망률 등 주요 의료지표에서 대한민국은 최상위를 차지하고 있으며, 국민 1인당 의사 외래 진료 횟수 역시 평균 5.9회, 한국 15.7회로 1위를 차지하고 있습니다. 나라마다 의료 시스템이 다르기에 단순히 평균 의사 수가 적다는 이유만으로 증원을 주장해서는 안 되는 것이죠.

　　현재 한국의 전체 의사 수는 절대 부족하지 않으며, 의료의 질 역시 정부가 비교선상에 올린 '의사 수가 많은 나

라들'에 전혀 뒤처지지 않습니다.

MBC 충북 NEWS에 보도된 작년 국회 국정 감사에서는, 대학들이 구체적인 교육 방안은 마련하지도 않은 채로 '일단' 정원을 늘렸다는 것이 적나라하게 드러났습니다. 충북대학교에서는, 기존에 49명이었던 정원을 126명으로 늘려 2025 신입생을 모집했고, 2026년부터는 200명으로 정원을 증가시킬 계획이었습니다. "충북대가 매우 큰 폭의 의대 증원을 신청하게 된 배경에 대해 설명해 달라."는 국회의원의 요구에 충북대학교 총장은 "지금 있는 시설에서 몇 명을 교육할 수 있느냐를 염두에 두는 게 아니라, 지역 거점 대학으로서 우리가 우리 지역에서 어떤 역할을 해야 되는가…에 초점을 맞췄습니다."라며 의과대학의 교육의 질보다는 대학의 위상에 주안점을 둔 답변을 내놓았습니다. 또한 충북대학교 교수는 "동시에 실습을 진행하면서 핸들링을 한다? 그건 교육을 하지 말라는 얘기와 마찬가지인 거예요."라며, 늘어난 정원으로는 제대로 된 실습과 교육을 진행하기 어려울 것임을 염려했습니다.

그렇다면 늘어난 정원을 교육할 교원 수는 충분한 것일까요?

정부는 기초 및 임상교수를 확충하여 늘어난 의대생에 대한 교육을 진행하겠다고 하였지만, 지금도 기초 교수는 충원이 어려운 것이 현실입니다. 전통적인 8개 기초과목이란, 해부학, 생리학, 생화학, 병리학, 약리학, 미생물학, 예방의학, 기생충학을 의미하는데, 2023년을 기준으로 8개 기초과목의 교수는 1,316명으로 집계되었습니다. 이 중 54%만이 MD 출신 교수였는데, 더욱 우려되는 것은 5년 이내에 퇴직 예정인 교수 숫자가 196명으로 전체의 15%를 차지한다는 것입니다. 해당 기초 분야 교원의 숫자가 2002년 1,219명에서 2010년 1,298명으로 6.5%만이 증가했다는 KAMC의 2016년 연구에 따르면, 기초 교수 확충은 사실상 불가능할 것이라는 전망입니다.

이외에도 "카데바는 해외에서 수입해 오면 된다.", "VR로 카데바 실습을 대신하겠다." 등의, 의료교육 실정을 전혀 모르는 이야기를 하는 정부는 당장의 의대 증원에만 관심이 있을 뿐, 뽑힌 의대생들이 어떠한 교육을 받고, 어떠한 의사가 될지는 나 몰라라 하는 듯합니다. 증원을 위해서는 학교 건물, 실습 자재, 교수 등 모든 부분에서 보강이 필요할 텐데, 그 투자가 필수의료의 성장이라는 결과를 가져올지 알 수도 없는 상황에서, 정부는 계속해서 "필수의료의 성장을 위해 의대 증원이 필요하다."라는 주장을 펼치고 있습니다.

이것이 '의대 증원'이 총선용 정책이었다고 불리는 이유입니다.

* * *

여기까지 오시느라 수고 많으셨습니다.
이제 정부의 마지막 주장, '지역의료의 활성화 방안'에 대해 이야기하고 이 책에 마침표를 찍어보려 합니다.

보건복지부에서는 지역의 의사 수가 부족해서 지역의

료가 약화되었다고 주장합니다.

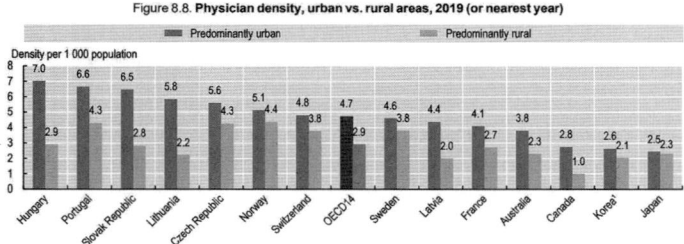

그러나, OECD health at a glance 2021에 따르면, 도시와 농촌 간 의사 밀도의 차이는 일본의 0.2를 이어 한국이 0.5로, 두 번째로 작은 것을 알 수 있습니다. 의사 밀도는 다소 낮은 편이지만, 앞서 제시했듯 의사 한 명당 진료 건수가 많기 때문에 그러한 결과가 나온 것이지, 도시에도, 농촌에서도 의사 수가 부족하다고 주장하기에는 부족한 근거입니다.

그러면서 정부에서는 지역의 의사 수를 늘리기 위해 지역인재 전형을 대폭 늘리고, 지역 필수 의사제를 도입하겠다고 발표했습니다.

지역인재 전형이란, 비수도권대학에서 대학 소재 지역 지방학생을 위한 전형을 의미하는데, 지방대학육성법 시행령이 2021년 개정됨에 따라 2023학년도 대입전형부터 지방 의과대학 지역인재 전형은 입학 비율의 40%를 차지해 왔습니다. 그러나 지역인재 전형으로 입학한 학생이 졸업 후에 해당 지역에 남아야 할 이유가 없기에, 해당 전형은 수도권 출신 학생들이 대입을 위해 지방으로 이사를 오는 등의 입시 전략으로 전락하였습니다.

지역 필수 의사제는 내과, 외과, 산부인과 등 8개 필수과의 전문의들에 대해서, 대학과 지자체와의 3자 계약을 통해 장학금, 수련 비용 및 거주지 등을 지원받는 장학제도입니다. 지역에서 장기 근무 시 교수로 채용되도록 합니다. 그러나 본질적으로, 지역 필수 의사제는 '필수과' 전문의들을 대상으로 합니다. 필수의료의 소송 부담이나 수가

등이 해결되지 않는다면, 보상이 확실하지도 않은 교수라는 보직을 위해 지역의 필수의료 전문의로 남으려고 하는 인원이 얼마나 될지는 미지수입니다. 아직 시행이 되지 않아 인원이 확충될지는 모르겠으나, 강제가 아닌 계약제이므로 인원이 충분히 확보되어 정책이 제대로 시행될 수 있을지도 확실하지 않습니다.

또한 지방국립대병원을 육성하겠다고 밝혔는데, 지방국립대병원이 해당 지역의 최전방 사령탑이 되어 지역의 건강을 책임지는 것은 바람직하다고 생각합니다. 그러나 선진국의 의료전달체계가 갖춰져 있지 않은 대한민국은, 지방에 사는 국민들도 서울로 원정진료를 떠나는 일이 많습니다. 수도권에 대학병원 분원 7,000병상을 증설하면 수도권 쏠림은 더더욱 심각해질 것입니다.

유럽의 경우 주치의가 1차 의료담당자로서 문지기 역할을 하면서 2차와 3차 기관에 의뢰하고, 환자의 치료가 종결되면 다시 1차 기관으로 회송되는 시스템이 확립되어 있으며, 대만 역시 1차 가정의를 거쳐 2차 기관으로 이송되는 체계가 갖추어져 있습니다. 즉, 지방국립대병원 육성을 위해서는 병원들에 의사들을 많이 배치하는 것 이전에 지방에 사는 사람들이 순차적인 진료를 받을 수 있는 의료 시스템 체계의 수립이 선행되어야 합니다.

지역의료는 단순히 그 지역에 의사 수가 부족해서 붕괴되고 있는 것이 아닙니다. 현재 한국은 수도권 과밀화, 저출생으로 인해 소멸의 위기까지 마주한 지역들이 있습니다. 그리고 그에 대한 근본적인 원인은 지방에는 적정한 삶의 질을 유지하기 위한 사회적 인프라, 편리한 교통, 문화생활 등이 부재하기 때문일 것입니다. 그러니 지역에 의사를 늘리는 정책 이전에, 전반적인 지방의 생활 수준을 올리기 위한 정부의 투자가 필요해 보입니다. 지역에 의사를 확충하기 위해 '그 지역에 남아야만 하는' 정책이 아닌, '그 지역에서 일하고 싶도록, 선택하는' 환경이 조성될 수 있기를 바랍니다.

이 외에도, 분량과 가독성을 고려했을 때 이 책에서는 다루지 못한 많은 정책들이 있습니다. 이 책이 여러분들께서 우리나라의 의료 시스템에 한 번 더 관심을 가지는 계기가 되어, 앞으로도 저희가 낼 목소리에 귀 기울여 주시면 감사하겠습니다.

다음은 2024년 3월 24일, '대한 의과대학·의학전문대학원 학생 협회'에서 발표했던 '대정부 요구안'입니다. 저희도 이 책을 쓰기 전에는 저 8문장이 이해하는 바를 정확히 이해하지 못했으나, 책의 끝자락을 향해 가고 있는 지금, 독자 여러분과 저 8문장을 다시 한번 천천히 읽어보려 합니다. 저희가 투쟁한 이유이자, 목적은 이러한 것들이었다고 다시 한번 곱씹으려 합니다.

〈대정부 요구안〉

하나, 정부는 과학적 연구에 기반하지 않고 정치적 이해타산만을 위해 추진한 필수의료 정책 패키지 및 의대 증원 정책을 전면 백지화하라.

둘, 의-정 양측은 중대한 의료 정책을 조속히 논하기 위한 의-정 동수의 의-정 합의체를 구성해 법제화된 보건의료 거버넌스를 구축하고, 현 의료의 문제에 대한 과학적인 원인 분석 및 해결을 위해 책임을 다하라.

셋, 정부는 의료 현장의 목소리를 줄곧 외면하다가 의료 정책을 졸속 추진하여 발생한 현 사안의 책임을 시인하고 투명한 조사 후 국민들에게 사과하라.

넷, 의료사고의 법적 다툼에서 선의에 의해서 행해진다는 의료 행위의 특수성과 전문성을 인정하고, 환자의 특이적인 상태와 체계적인 안전 관리를 충분히 고려한 제도를 도입하라.

다섯, 필수의료의 명확한 정의를 논의하고, 양적 질적 차원의 과학적인 국제 비교를 통해 합리적인 수가 체계와 최소 인상률의 제도적 장치를 마련하라.

여섯, 정부는 편법적인 건강보험 보장성 축소화의 방향을 방조하지 말고 바람직한 분배를 위한 의료전달체계 확립에 대한 구체적 대안을 제시하라.

일곱, 인턴, 전공의의 부적절한 수련 환경 개선을 위한 제도적 장치를 재논의하고, 해외 사례를 충분히 검토함으로써 자유의사를 표시할 권리를 보장하라.

여덟, 의과대학 구성원 개개인의 자유의사에

서 비롯된 휴학계에 대한 공권력 남용을 철회하고, 이 같은 과오를 반복하지 않기 위해 휴학에 대한 사유를 정부가 자의적으로 해석할 수 없도록 법적 근거를 마련하라.

　상기 여덟 가지 학생들의 목소리는 최소한임을 밝히는 바이며, 정부는 국민의 고통을 외면하지 않고, 불필요한 의료비 지출을 줄이며, 현장의 목소리와 끊임없이 소통함으로써 부패, 편중, 불통 없이 지속 가능한 의료를 향한 지혜로운 결단을 위해 책임을 다하라.

저희도 미래의 의료인으로서 필수의료를 살려야 한다는 데에는 깊이 공감합니다.

"나는 환자의 건강과 생명을 첫째로 생각하겠노라.",

히포크라테스 선서의 일부이고, 제가 의대에 온 이유이기도 합니다.

생명의 최전선에서 죽어가는 환자들에게 최선을 다하고 싶습니다.

그러나 현재 필수의료 종사자들에게는, 눈앞의 환자에게 오롯이 집중할 수 있는 환경이 마련되어 있지 않습니다. 진료할수록 적자가 나기도 하고, 그럼에도 열심히 진료한 환자는 예상치 못하게 상태가 악화되어 민원과 소송에 시달리기도 합니다. 또한, 언제 터질지 모르는 의료사고의 책임까지 오롯이 개인이 떠안고 있습니다. 이런 현실 속에서 필수의료는 점점 무너져 가고 있습니다.

그래서, 필수의료 정책 패키지의 일부 시행 취지에는 동의합니다. 보상 체계를 제고해야 하는 것도, 의료사고 안

전망을 구축해야 하는 것도, 필수의료에 대한 지원을 늘려야 하는 것도 맞습니다. 그러나 필수의료 정책 패키지의 구체적 시행방안을 살펴보면, 그 세부 내용이 다소 비현실적이며 불투명하고, 실질적으로 필수의료 살리기와는 관련이 없는 정책들도 다수입니다. 필수의료 정책 패키지라는 이름 아래, '필수의료를 살리기 위한 정책'이라는 가면을 쓰고 환자와 의사의 자유를 빼앗는 정책은 절대 시행되어서는 안 된다고 생각합니다.

정말로 필수의료를 살리고 싶다면, 먼저 생명을 살리겠다는 다짐 하나로 버텨온 의료인의 눈물과 절규에 진심으로 귀 기울여야 하는 것이 아니겠습니까.

참고문헌

- 보건복지부, 필수의료 정책 패키지, 2024. 2.

- 보건복지부, 의료개혁 2차 실행방안, 2025. 3.

- 건강보험심사평가원 쉽게 이해하는 용어설명, 비급여, 2025. 04. 11.
  (https://www.hira.or.kr/rc/term/getExplainList.do?pgmid=HIRAA030407000000&searchWrd=%EB%B9%84%EA%B8%89%EC%97%AC&sno=115)

- 건강보험심사평가원, 제도·정책, 제도안내, 우리나라 진료비 지불제도, 2025. 04. 11.
  (https://www.hira.or.kr/dummy.do?pgmid=HIRAA020028000000&WT.gnb=%EC%9A%B0%EB%A6%AC%EB%82%98%EB%9D%BC+%EC%A7%84%EB%A3%8C%EB%B9%84+%EC%A7%80%EB%B6%88+%EC%A0%9C%EB%8F%84)

- 의사신문 남궁예슬 기자, [기획취재] 최저임금 6.7%, 물가 2% 상승할 때 의료수가 1.96% "의료기관 다 죽는다"/2024. 10.
  (http://www.doctorstimes.com/news/articleView.html?idxno=229422)

- 오승준, 혼합진료 금지정책을 아시나요?, MedicalTimes 오피니언 〉의료판례칼럼, 2024. 02. 19.
  (https://www.medicaltimes.com/Main/News/NewsView.html?ID=1157467)

- 김홍호, 비급여 진료비 관련 최근 동향의 시사점, 정책동향 학술지, 10권 6호, 건강보험심사평가원, 2016. 8.

- 조운, 2024년도 의원급 건강보험 환산지수 1.6%, 93.6원 인상 최종 결정, 메디게이트 뉴스, 2023. 06. 29.
  (https://medigatenews.com/news/2725166327)

- 국가법령정보센터, 의료사고 피해구제 및 의료분쟁 조정 등에 관한 법률(약칭: 의료분쟁조정법), 제46조(불가항력 의료사고 보상), 2025. 04. 11.
  (https://www.law.go.kr/lsSc.do?section=&menuId=1&subMenuId=15&tabMenuId=81&eventGubun=060101&query=%EC%9D%98%EB%A3%8C%EC%82%AC%EA%B3%A0+%ED%94%BC%ED%95%B4%EA%B5%AC%EC%A0%9C+%EB%B0%8F+%EC%9D%98%EB%A3%8C%EB%B6%84%EC%9F%81+%EC%A1%B0%EC%A0%95+%EB%93%B1%EC%97%90+%EA%B4%80%ED%95%9C+%EB%B2%95%EB%A5%A0#J46:0)

- 장연화(Yeonhwa Chang), 백경희(Kyounghee Baek), 의료사고의 책임 분배 제도에 대한 고찰 - 의료사고처리특례법안과 외국의 법제에 관한 비교를 중심으로, 과학기술과 법 제15권 제1호, 충북대학교 법학연구소, 2024. 06. 175 - 202

- 최병호, 외국의 의료전달체계로부터의 시사점, 정책동향 학술지, 10권 2호, 건강보험심사평가원, 2016, 16-17

- 바른의료연구소, [보도자료] 통계는 대한민국에 의대정원 확대가 필요하지 않다는 사실을 증명하고 있다., 2023. 12. 05.
  (http://barunmd.or.kr/sub/sub03_01.php?boardid=press&mode=view&idx=162&sk=&sw=&offset=18&category=)

- 조병욱, [기고] 대한민국 의사 수는 적지만 부족하지 않다①, 청년의사 오피니언 > 칼럼, 2023. 12. 07.
  (https://www.docdocdoc.co.kr/news/articleView.html?idxno=3011832)

- 송수연, 의대 증원 발표 다가오자 '전운' 감도는 의료계, 청년의사, 2024. 02. 05.
  (https://www.docdocdoc.co.kr/news/articleView.html?idxno=3013976)

- 조운, 이제야 기초의학 교원 현황 파악하는 교육부…5년 이내 퇴직 예정 기초의학 교수 15%, 메디게이트 뉴스, 2024. 07. 04.
  (https://medigatenews.com/news/3428828501)

- 김은초, 충북대·병원 국정감사…'전국 최대' 의대 증원 맹공, MBC충북NEWS, 2024. 10. 18.
  (https://news.mbccb.co.kr/home/sub.php?menukey=61&mod=view&RECEIVE_DATE=20241018&SEQUENCE=4308)

- OECD(2021), Health at a Glance 2021: OECD Indicators, OECD Publishing, Paris, https://doi.org/10.1787/ae3016b9-en.

- 임수진, 필수의료 패키지 뜯어보니…개원가 핵폭탄급 파장 예고, MedicalTimes, 2024. 02. 13.
  (www.medicaltimes.com/Main/News/NewsView.html?ID=1157382)

**우리는
왜**
학교로
돌아갈 수
없었나

초판 1쇄 발행 2025. 5. 23.

지은이 솔직한 의대생들
펴낸이 김병호
펴낸곳 주식회사 바른북스

편집진행 김재영
디자인 양헌경

등록 2019년 4월 3일 제2019-000040호
주소 서울시 성동구 연무장5길 9-16, 301호 (성수동2가, 블루스톤타워)
대표전화 070-7857-9719 | **경영지원** 02-3409-9719 | **팩스** 070-7610-9820

•바른북스는 여러분의 다양한 아이디어와 원고 투고를 설레는 마음으로 기다리고 있습니다.
이메일 barunbooks21@naver.com | **원고투고** barunbooks21@naver.com
홈페이지 www.barunbooks.com | **공식 블로그** blog.naver.com/barunbooks7
공식 포스트 post.naver.com/barunbooks7 | **페이스북** facebook.com/barunbooks7

ⓒ 솔직한 의대생들, 2025
ISBN 979-11-7263-386-8 03810

• 파본이나 잘못된 책은 구입하신 곳에서 교환해드립니다.
• 이 책은 저작권법에 따라 보호를 받는 저작물이므로 무단전재 및 복제를 금지하며,
  이 책 내용의 전부 및 일부를 이용하려면 반드시 저작권자와 도서출판 바른북스의 서면동의를 받아야 합니다.